ワールドトラベラー
りのが世界を駆け巡る

拝啓 世界で あわてふためく 女子たちへ

著：りの
絵：三浦ポパ

旅先のトラブル解決します

雷鳥社

こんにちは
りのです
数年前、一年半かけて世界を旅した
バックパッカースタイルで世界を二周
普通の女の子です
いや、もう女の子と言える歳じゃない…
さぞかし旅慣れているんでしょう…
と、思われるかもしれませんが
性格に少し難があり（要領もメチャクチャ悪い）
あー明日行く場所調べなきゃなー
めんどくさー
まいっか、
そのときの自分がんばれ
結果
わざわざ数時間かけて行った場所が閉まっていたり…
CLOSE
…。
キョロ
キョロ
駅から徒歩3分の宿まで3時間かかったり…
旅のほとんどがトラブルでした（おかげであだ名は"トラブルガール"）
昨日の自分んんんーうあうお！お

得意な英語は「I can not speak English」
迷惑という名の魔法の言葉
I cannot speak English.
(英語できないからそこんとこヨロシク)
This one please
(これちょうだい)
How much?
(いくら?)
1
2
3
大体この3語でイケると思っている
これは旅中最も使った言葉かもしれません
飛行機が怖くて英語力ゼロ、
虫や汚いものがダメで日本食を心から愛する私が日本を飛び出したのは…
ペンシルバニアホテル!!
ハア???
"やってみたいと思うことをいかに多くやってみるか"
心に忠実に生きることを大切にしているから……
この本は、そんな私が実際に経験した、海外でよくあるトラブルと
「そんなとき、どうしたらいいの⁉」
というピンチな女子を救うトラブルの切り抜け方を詰め込みました
海外旅行が大好きな世界であわてふためく女子たちに捧げます
それでは
Bon Voyage!

もくじ

第1章　空港・飛行機トラブル

第2章　移動トラブル

第3章　宿トラブル

第4章　観光トラブル

第5章　体調トラブル

第6章　犯罪・その他トラブル

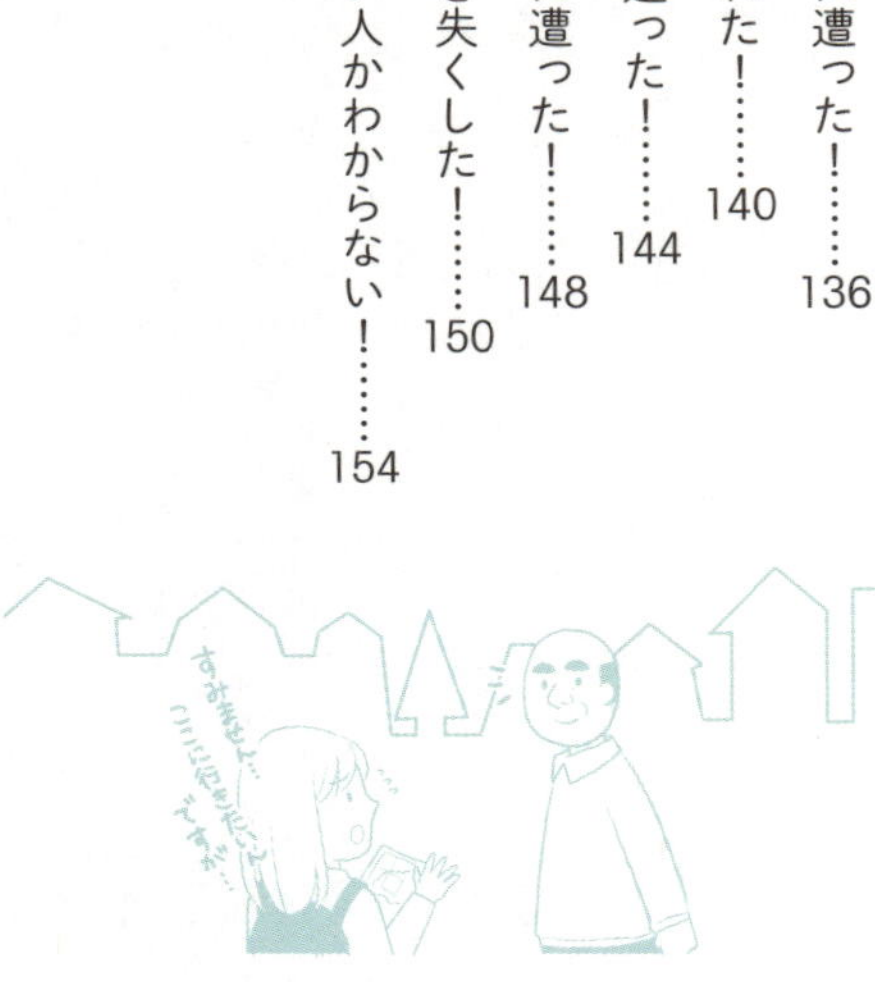

第1章 空港・飛行機トラブル

インドからネパールへ向かう朝
ニューデリーの空港には
キョロ キョロ
A
B
C
G
H
2時間前に着いた
チェックインカウンターの表記がなかったため
TICKET
空港職員に尋ねると…
Fだ
F
Fにならんで30分
ズラ〜
D
Dにならんで20分
ズラ〜
いざチェックインしようとすると…
ここじゃないわ
Dよ
君の飛行機は
Eカウンターだ
ええ!?もー!!
その後
出国カード
issueってなんだっけ…
出国審査
めっちゃならんでる!!
ズラー
イラ イラ
手荷物検査
カバンを開けろ!
全部だ!!
え〜!!

ダッシュで搭乗口まで向かう
やばい! 時間ない!!
ダダダダッ
汗だくで到着すると…
ゼェ ゼェ
搭乗口変更されてるよ
ぎゃふんっ
新たな搭乗口はよりによって一番端っこ
ぬおおおっ
こ…これ… 2kmくらい走ってるんじゃ…
そのとき英語のアナウンスが聞こえてきた
○△□×□… △○〜△× □○△×○
何を言っているのかさっぱりわからなかったが唯一聞きとれた単語が2つだけあった
Rino《リノ》
Final《ファイナル》 Call《コール》
ギャアアア!!
置いてかないで!!
飛行機に駆け込み乗車するなんて
の、乗ります!!
人生はじめての経験だった

空港は5時間前に行け!?

なぜ早めが良いのか

「空港到着は5時間前！」これは全世界共通の合言葉にしたいくらいだ。

午前便で5時間も前に到着することが難しい場合や、チェックインカウンター自体が2～3時間前でなければ開かない場合もあるが、空港にはできるだけ早く行くように心がけるべきだ。理由は何といっても〝トラブルがあったときに対処する時間があるから〟だ。

日本からの出発便ならまだしも、海外の空港では予想外のトラブルが起きることもしばしば。そのため、日本でのトラブルほどスムーズに対処できない可能性がある。はじめて訪れる空港で、言葉に自信がないならなおさらだ。私の経験上、海外からのフライトで余裕を持って飛行機に乗れたときは、平均して出発の5時間前に到着している。

事故や渋滞、交通機関の乗り間違えなど、空港までの交通トラブルを考えても、2時間前に到着する予定で宿を出るのは少しリスクがある。とくに海外では、交通システムが整っておらず、慢性的な渋滞が各地で発生している場所も多い。恐ろしいほど車が進まないのだ。これを甘く見てはいけない。

また、日本ではほとんど見かけることはないが、公共交通機関のストライキによって足止めをくらうことも。鉄道やバスが運休、なんてことが普通にあるのだ。

さらに、海外には似たような名前の都市や空港が意外と多い。そのため、ターミナルを間違える旅行者も珍しくない。かくいう私も、これまで何度も間違え、飛行機に乗り遅れそうになっている。

ドバイでターミナルを間違えたときは、正しいターミナルに行くまでのバスや電車はない、と聞き目的のターミナルまでタクシーで行くことになった。しかしドバイ出国のその日、手元にドバイの通貨はほとんど残っておらず、運転手に全財産を見せ、この金額で行ってもらえないかと交渉。何とかことなきを得たが、タクシーでも20分、出発時刻まですでに1時間半を切っていた私は、このとき生きた心地がしなかった。

仮にこういったトラブルが起きず、スムーズに空港に到着したとしても、余った時間はカフェやラウンジでゆっくりしたり、ショッピングや飛行機に乗る前のメールチェックにあてたりできる。空港をただの飛行機乗り場と考えてしまうと、効率が悪く見えるかもしれない。しかし、空港で過ごす時間も旅の思い出のひとつと考えてみれば、悪い時間の使い方ではないはずだ。

とにかく、はじめて訪れる空港、語学に自信のない人は、早すぎるくらい早めに行って損はない。

もしも到着が遅れてしまったら

万が一遅れてしまう場合は、航空会社の予約センターに電話をしよう。違う便に変更できないか、チェックインカウンターを特別に開けてもらえないか、一度問い合わせてみる価値はある。航空券の種類によっては、払い戻しや別便への変更、少額の追加払いで変更を受けつけてくれる場合もある。事故や電車遅延などの不可抗力による遅れも、救済処置をしてもらえるかもしれないため、まずは連絡をし、落ち着いて空港に行こう。

海外であっても同様で、可能であれば連絡を入れてから空港へ向かおう。連絡ができなくても空港には行き、到着したら状況を伝える。言葉に不安があっても翻訳アプリなどを駆使して、身振り手振り伝える努力をすること。残された道を提案してもらえる可能性はある。ただし連絡や交渉は、飛行機の出発時刻より前に行なうこと。これが重要だ。

世界一周出発時
コレは日本製に限るよね
コレは一応2つ持っていこう
なんてやっていたら…
ひぃっ!!
1m
ドオン!!
寝技をかけること30分…
観念しろ!!
ギュ〜
ぬぉおおお
ドーーン!!
30ℓのバックパック
80ℓのスーツケース
細々したもの
これでもだいぶ選別した
空港では案の定
2kgオーバーしてますね
そこを何とか!!
…なる訳がなく
この場で2kg分抜くか1kg当たり4千円の追加料金を払って下さい
ペラペラ
お、お姉さんロボット…?
10分後
ずーん
暑い…
着れる服全部着た。
自分がプラス2kgで出発した

預け荷物が重量オーバー！

LCCは預け荷物制限が厳しい

旅をはじめたころ、同じバックパッカーとすれ違うたび、あまりの荷物の多さによく二度見されていたものだ。

荷物が多くて困るシーンといえば、移動や長い階段を目の前にしたときはもちろんだが、一番恐ろしいのは飛行機に預ける荷物が重量オーバーしてしまったときかもしれない。

どの航空会社にも厳しい荷物制限があるのだが、有料だったり無料だったり、航空会社によって制限の内容はさまざまだ。LCCは原則ひとつ目から有料化されている。これは運賃を安くするために、すべてのサービスを有料にしているからだ。

航空券をネット予約するとき、荷物を預けるかどうかを問われるタイミングがある。制限以内なら無料で預けられる場合もあるが、その制限を超えそうなときは、ここで追加の申し込み（有料）が必要だ。制限をオーバーする可能性のある人がここをスルーしてしまうと、当日空港で私と同じ運命をたどることになる。

機内に持ち込める重さやサイズ以内なら、荷物は預けなくても良いので、追加料金を請求されることもない。荷物を少なく済ませられる人は、持ち込める制限以内にまとめるのもひとつの手だ。

オーバーしてしまったときの超過料金

私の場合は1kgあたり4千円だったが、これも航空会社によってさまざまだ。ひとつだけ声を大にして言いたいのは、「どの航空会社も予約しなかった分の当日追加料金は、ちゃんと予約した人に比べて圧倒的に高い！」ということ。

せっかく格安航空券を買っても、トータルで支払う金額が高くなってしまっては意味がない。LCCはとくに、こういった荷物の規定にものすごく厳しいことを覚えておいてほしい。

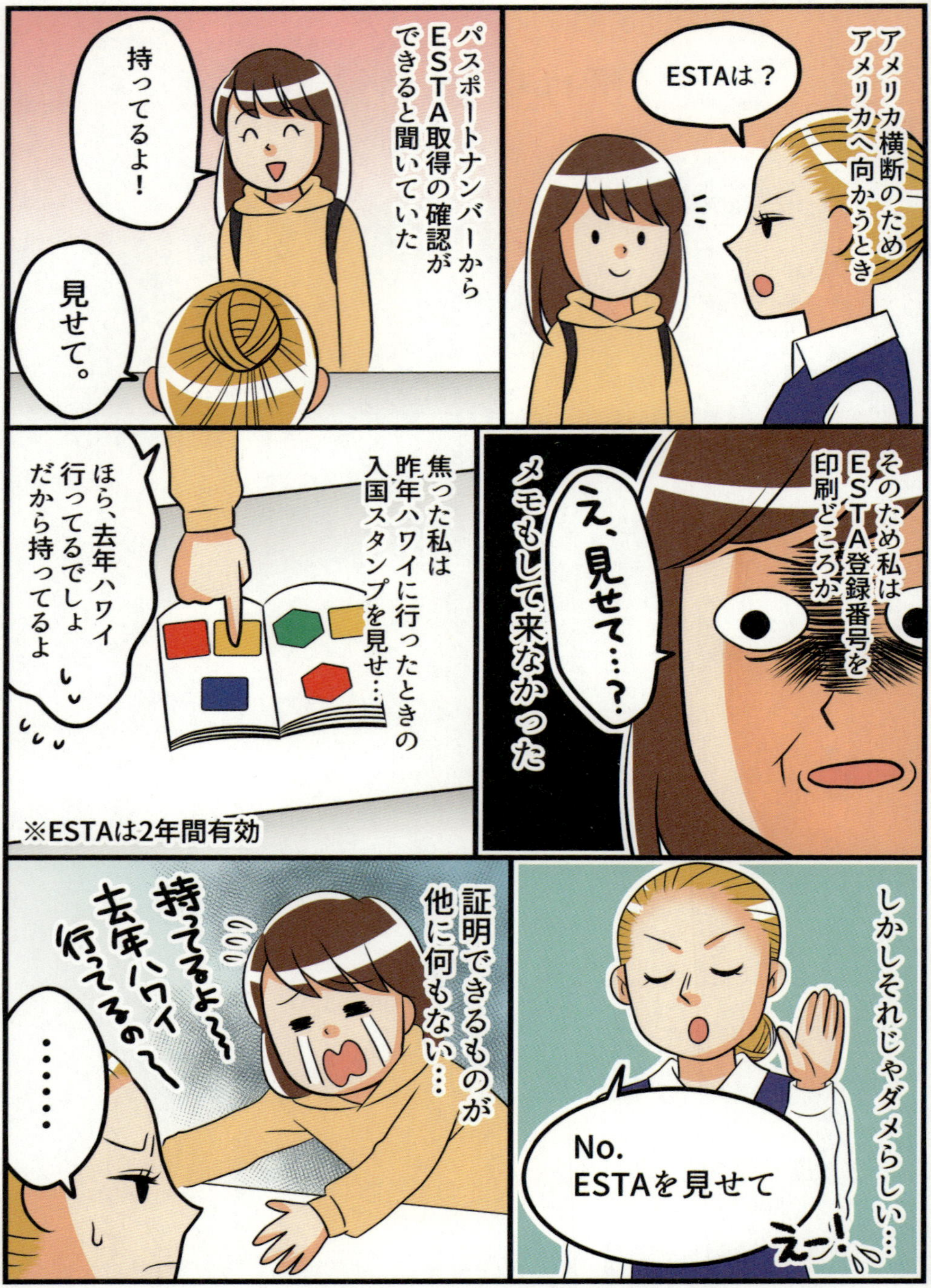

※ESTA（エスタ）…… アメリカ入国に必要な電子渡航認証システム。
観光や商用目的など、アメリカ入国のためにビザが必要ないとされる人が、渡航前にオンライン申請しなければならないもの。

バーン!!
意思疎通もうまくできずしばらく経って裏から偉そうな人が3人出てきた
ESTAがないと飛行機には乗れない
ひっ
追い込まれた私は
ブツブツ
そんなこと言われたって去年取ったESTAの番号なんて覚えてないもん…
ブツブツ
しょうがない…取り直すか…
ちなみに君、滞在先の住所は？
ハッ!!
それも忘れてた
えっとそのぉ～
Wi-Fiがないと調べられなくて…その～…
初日滞在先の住所はアメリカ横断メンバーからフェイスブックのメッセージで送られてきていた
しょうがないな…
STAFF ONLY
事務所のパソコンを使え
いっいいんですか
わざわざパソコンを借りて開くページがフェイスブック…
facebook
ちっちがう！遊んでるんじゃないから!!
アセアセッ

facebook
City of Los Angele
〇〇Hotel
なんとか滞在先を印刷し…
これこれ
カチッ
はい、これ滞在先！
ふ〜
チェックインカウンターに戻ると
フム…
でESTAは？
ハッ!!
ま、まさか…
その後事務所にリターンし過去に取得したESTA番号を印刷し（できた）飛行機出発の3分前に搭乗できた
ハァッ
ゼェ
ゼェッ
いや、私のせいでちょっと遅れたかも…

飛行機に乗せてもらえない！

搭乗拒否をされるパターン

高いお金を払って航空券を買い、バッチリ予定を組んで楽しみに空港に行ったら、まさかの搭乗拒否……。こんなシャレにならないような出来事を、私を含め、多くの旅行者が経験している。

搭乗拒否をされる原因は、迷惑行為やオーバーブッキング、搭乗時間への遅刻、入国するために必要な書類がそろっていないことが多い。私が搭乗拒否された歴史をたどると、ほとんどが今回のように〝入国するために必要な書類の不備〟だ。

たとえば私が〝ＥＳＴＡ（エスタ）〟を取得せずに、あのまま飛行機に乗ったとしよう。そして、アメリカで入国拒否されてしまったら、航空会社は私を出発地へ送り戻さなければいけなくなる（費用は後々請求される）。そのため、不備や不安がある乗客を、航空会社は簡単に乗せてくれないのだ。

片道航空券で出国できるのか

チェックインのとき、「帰りの航空券を見せろ」という、血の気が引くような言葉を言われることが稀にある。そのため、往復航空券やビザ、もしくはその国や近隣国から、第三国に抜ける何らかのチケットがあることが理想だ。しかし、長期旅行の場合常に先々の行き先を決めるのは、なかなか大変なことだ。

実は日本のパスポートがあれば、条件（観光目的など）を満たしていれば、なんと１９０の国と地域にビザなし、またはアライバルビザ（到着した空港で取得できるビザ）で入国することができる。これは、２０１９年10月の時点で世界第一位の多さだ。国際的信用度がものすごく高いと言える。

しかし、いくらビザなしで入国できるとはいっても、いつまでもその国にいて良いわけではない。滞在可能な期間はしっかり決まっている。〝期限までにちゃんと出国する〟という証として、復路または第三国へ抜けるチケットが必要になることがあるのだ。

　それでも、実際に私が帰りの航空券を求められたのは、30回以上飛行機に乗った中で、たったの3回だった（アメリカ・イスラエル・コロンビア）。陸路で国境を越えたときに要求されたことは一度もない。

復路航空券を要求されたとき

　もしも片道航空券しかないことを理由に搭乗拒否をされてしまったら、その場で予定を決めて航空券を取ってしまうか、キャンセルできる航空券を取って、後々キャンセルするなどの対応ができる。航空会社が提示する同意書にサインをして、搭乗可能になることもあるようだ。ただ、キャンセルできる航空券は、路線によってはとても高額だ。さらに、キャンセルの手間やミスを考えると、あまり初心者向きではない。

　第三国へは陸路でわたるなど、どうしても航空券を用意できない場合、その事情をしっかり説明できれば乗せてもらえる可能性もゼロではない。しかし、外資系の航空会社はとくに、同じ条件でも対応が変わってしまうことがある。規定はもちろんあるのだろうが、こればかりは対応したスタッフ、もしくは説明を要求されたときの私たちの応対次第なところがある。

　どちらにしても、ビザ免除の要件に〝出国チケットの所持〟が含まれている場合や、大陸間での大きな移動、ビザなしで滞在できる期間が短い国は注意したい。出国するための航空券かビザの用意、または、同じような状況を経験した人のブログを探すなど、出国前にしっかり下調べをしておくことが大切だ。

From Thailand to India

Thailand
Bangkok

「日本へ帰るチケットがないと飛行機には乗せられない」と、はじめて搭乗拒否をされたタイからインド行きのフライト。一度は拒否された搭乗だったが、無事乗ることが許された記念の飛行機。

View from the plane

USA Los Angeles

私は旅で半ば強引に入国しようとしたことが多々ある
アメリカ入国に必要なESTAは？
去年ハワイに行ってるよ。ほら！
ESTAの保持を入国スタンプの履歴で無理やり証明しようとする
入国カード記入
ぬぬぬぬ…何を聞かれているのか、分からない…
……。
ほぼ空欄
what's the purpose of your visit?
目的は？
サイトスィーーン
When will you return to your country?
いつ帰るの？
サ、サイトスィーーン
What is your occupation?
職業は？
サイトスィーーン!!!
こんな過去の自分に拍手とビンタを送りたい…
スゴーーい
それ程でも…
パチ
やるねーー!!
パチ
バカタレ!!
バチーン!!
ブォ

入国に必要なものがわからない！

ビザ？ ESTA？ 入国カード？

ビザとは簡単にいうと、その国へ入国しても良いという証明、入国許可証のことだ。

ビザにはさまざまな種類があるが、P17で書いた通り、決められた日数以内の滞在で、観光や商用目的であれば、日本国籍者はほとんどの国でビザを心配する必要はない。しかし、ビザが必要な国に行く場合は、ちょっと面倒だが対象国の大使館に前もって申請しに行かなければならない。大使館に出向けない場合は、郵送で受けつけている国もあるので事前に確認しよう。

国によって申請方法・申請料・難易度は違うが、申請案内をしてくれているHPを参考にすれば、初心者でもビザの申請は可能だ。またビザは基本的に、滞在している場所に、行きたい国の大使館があれば申請できる。日本人だからといって必ず日本で申請しなければいけない訳ではないのだ。ただし、原則日本でしかビザ取得ができない国も存在するので、事前の確認は忘れずに。

アメリカは条件（観光・商用目的など）を満たしていれば、ビザは取得しなくて良いのだが、代わりにネットで簡単に申請できる〝ESTA（エスタ）〟が必要になる。これは渡航承認を受けるための大事なセキュリティチェックだ（ただし、実際に入国が許されるかどうかの最終判断は、入国審査官にゆだねられる）。他のビザのように、書類またはパスポートにシールやスタンプで証明を残すものではなく、コンピューター上で承認されるものなので、わざわざ大使館に足を運ぶ必要はない。カナダではeTA、オーストラリアではETASが同じ類のもの。2021年にはヨーロッパにもETIASが導入される予定だ。

これらが不要な国でも、入国カードや税関申告書が必要な国もある。移動中の機内で配られたり、入国手続きのフロアに置いてあったりする紙だ。渡航先によって要不要や書き方が違うので、事前にインターネットやガイドブックで調べておくとスムーズだ。

もうひとつ大事なのはパスポートの残存期間だ。各国で決められた残存期間がパスポートに残っていないと、出国すらさせてもらえない可能性がある。期間はそれぞれ違うが、有効期限まで3~6ヶ月を切っていたら注意しよう。また、パスポートの査証ページがスタンプでいっぱいの場合も注意が必要だ。余白が2ページ以上必要な国もある。ページ数が足りないときは、新たに申請し直すか、パスポートセンターなどで査証ページを追加する増補申請をしよう（ただし次期導入される新しいデザインのパスポートについては、2019年10月現在、政府は増補制度を廃止する方針だ）。

まとめると（定められた有効期限・余白査証ページが残っているパスポート）＋（必要に応じてビザ・入国カード・税関申告書）＋（その他復路航空券など、各国が定める入国に必要なもの）が必要ということになる。当然だが、乗り継ぎ地を観光する場合（P31）も、入国先の入国条件を満たしていなければいけない。また、ビザやパスポート情報は予告なく変更されることがあるので、都度、大使館や観光局のHPなどで確認が必要だ。

入国審査でよく聞かれるフレーズ

訪れた目的・滞在期間・滞在場所を聞かれることがほとんどだ。「仕事は何をしているの?」「一人で来たの? 家族? 友達?」など3つ以外の質問をされることもあるが、基本的には準備していけば簡単に答えることができる内容だ。

私の場合、パスポートだけを見て、何も質問されずスタンプを押されることも多々あった。質問内容が聞きとれず、まったく違う回答をしてしまったときでも、怪しまれて別室につれて行かれたことは今のところない。挙動や渡航履歴、国の情勢によっても対応は異なるが、過度な心配はしなくて大丈夫だ。

世界の入国スタンプ

海外旅行好きなら、パスポートにさまざまな国の入国スタンプが押されていくことが好きな人も多いだろう。

海外では担当してくれた人によるのだが、入国スタンプを「一体なぜそこに……」と思わざるを得ないようなところに押されてしまうことが多々ある。日本を出国または帰国するときは、丁寧にこれまで押されてきたスタンプのすぐあとに押してくれることがほとんどだが、海外ではそうはいかない。入国審査官がたまたま開いた査証ページにドンッと押される。パスポートの向きも関係ない。その雑な感じがまたいい味を出すのだが、何ページも空けた一番最後のど真ん中に押されたときは、さすがにちょっと嫌だった。

陸路での国境越えでは、バスの運転手が乗客のパスポートを預かって、一斉に入国スタンプを押してもらって返す、というようなパターンもあるのだが、私は入国スタンプを押される瞬間に立ち会えるときは、必ずあることをしていた。「Stamp,here!」と押してほしい場所を開きながら、パスポートを渡すのだ。本人かどうかを確認するために、結局は一度そのページは閉じられ、顔写真ページを開かれるのだが、その後しっかり希望どおりの場所に押してくれる。少し図々しい気もするのだが、私の経験上、9割の入国審査官が嫌な顔をせず希望に応えてくれた。

近い将来、パスポート自体が必要なくなる時代も来るかもしれないが、世界中のスタンプが綺麗に押されたパスポートは、私の宝物だ。

旅中うっかりが多く
アーミーナイフ
これはダメだよ
しまった!!
悪いけどこれは110gだから没収だよ
110g
ハミガキ粉
10g使ったんで100gです!!
そういう問題じゃない！
いろんな物を没収された
中でも悲しかったのが…
GATE
ゾロ
ゾロ
あ、ゲート開いた
あれ？スタ◯がある
。。
キャラメルマキアートHOT ワン！
OK.
ダッシュで買って持ち込もう入国審査の後だし大丈夫だよね
。。
GATE
やった♡
いそげー！
タタタッ
NO!
捨てなさい
……
買って10秒のことだった

手荷物を没収された！

持ち込み荷物の液体量に注意

機内に持ち込める液体量には制限がある。中身の多い少ないに限らず、100㎖よりも大きな容器に入った液体は、華麗なまでにあっさり取りあげられるのだ。クリームやジェルも液体物。機内で使う分くらいなら大丈夫だが、制限を超える液体を海外に持って行きたいときは、預け荷物のほうに入れることをお忘れなく。

今回の私のようにフタがしっかり閉まっていない飲みものは、安全上の理由から持ち込みを制限されることもあるのだが、実はセキュリティチェックのあとに購入したものであれば、100㎖を超えても機内に持ち込むことができる。

見落としがちなのが、乗り継ぎを利用する場合だ。私は110gの歯磨き粉を没収されたあと、乗り継ぎ先のドーハ国際空港で新たに歯磨き粉を購入したが、次の乗り継ぎ先、ロンドンの空港でまたもやその歯磨き粉を没収された。恐らく新たに購入した歯磨き粉も100gを超えていたのだろう。当時はルールを知らずに免税店で購入したものは対象外だと思っていたが、いくらセキュリティチェックのあとに購入したものでも、乗り継ぎ先の空港で100㎖を超えた液体物は容赦なく没収されてしまうのだ。

これを防ぐ方法はひとつ。免税店で専用の密閉式ビニール袋（STEBS）に入れてもらうことだ。すべての国で導入されているものではないので、渡航先の確認が必要だが、開封していないことと購入時のレシート提示が条件で没収されずに済む。

いずれにしても、大切なものを没収されない一番確実な方法は、100㎖（g）を超える液体物を機内に持ち込まないことだ。どうしても持ち込みたい場合は、直行便を使うか、液体物は乗り継ぎ先の免税店で購入して没収を防ごう。

ネパールからドバイ行きの飛行機
フフン♪
ルンルン
これが旅慣れてやつか…
出国手続きは今までになくスムーズにいった
あとは乗るだけで、待っているところ…
Please～
ざわつく乗客
ザワ
ザワ
ザワ
ん？何が起きたの？
30分後
まずい…インドで乗り換えなのに…
間に合わない…
1時間後…
イライラ
ソワソワ
まずいまずいって…
イライラ
ソワソワ
1時間半後…
エクスキューズミー
しびれを切らし勇気を出して聞いてみた
トランジット・プロブレム!!
ん？あぁたぶん大丈夫だよ
たぶん!?

2時間後…
また何か説明され…
Please
〜〜…〜
誘導されるがまま
ついていくと…
RESTAURANT
No money!!
わ、私お金持ってないよ!
ハハハ
フリーさっ!
わははーーい!
フリー!?
(無料)
インドでの乗り継ぎは天に任せ
うぷっ
お菓子もサービスされた
Lay's
Apple juice
たらふく食べた
(今この瞬間を楽しむため)
結局、飛行機は7時間遅れたが
Welcome to Dubai!!
インドで新しい乗り継ぎチケットももらえ
悪くない遅延だった
むしろ最高

飛行機が遅延した！

遅延の原因

遅延にはさまざまな原因があるが、私が経験した中では、天候や滑走路の混雑、整備作業で遅れることが多かった。LCCの場合は同じ機体を繰り返し使用する分、一度どこかで遅れてしまうと、連鎖的に後々の運行にも影響してしまう。しわ寄せが最も響く最終便はとくに注意したい。

遅延・欠航した場合の補償

大幅な遅れや欠航は、各航空会社によってさまざまな対応がある。大手航空会社であれば、航空会社側の都合による大幅な遅延・欠航は、自社の後続便や他社便への振り替えを準備してくれる。さらに、それにともなう交通費や宿泊費の補償も行なってくれることが多いだろう。天候などの不可抗力による遅延や欠航に対しては、宿泊費や交通費の補償はないが、優待料金で宿泊できるホテルを紹介してくれるなど、便宜をはかってくれることも。

LCCは、原因がいくら航空会社側でも自社の後続便に振替か、払い戻しかの対応がほとんどだ。他社便への振り替え補償や、遅延・欠航によって生じた費用の補償は、ないものと思って良いだろう。遅延してしまったら出発するまで待つか、その便での渡航をキャンセルするしかないのだ。LCCは格安な航空券が魅力ではあるが、こういった事態に十分な補償がないことを念頭において利用しなければならない。

移動手段に遅延はつきもの。航空機の遅延や欠航をカバーしてくれる海外旅行保険には、ぜひ加入しておくことをおすすめする。

乗り継ぎに間に合わなかったら

A（出発地）→B（経由地）→C（到着地）

A→Bが遅延し、Cに乗り遅れてしまった

場合、通しで購入した航空券なら原則Ｃまでの振替便を用意してくれる。Ａ↓ＢとＢ↓Ｃの航空券を別々に購入した場合は、Ａ↓Ｂの遅延・欠航が原因でＣに乗り遅れてしまったとしても、原則補償はない。

しかし、そこはケースバイケース。別々で購入した航空券でも、航空会社が同一だったら振替便を用意してくれたり、仮に別々の航空会社でも便宜をはかってくれたりすることもある。乗り継ぎ便がすでに出発済みでもあわてず、経由地に到着したらまずはトランジットデスクに行って対応してもらおう。

ＬＣＣの場合は、最初の便が遅れてしまい乗り継ぎ便に間に合わなかったら、原則買い直しとなる。遅延が多いＬＣＣで乗り継ぎをするときは、十分な乗り継ぎ時間を確保することが大切だ。

覚えておいてほしいのは、遅延や欠航の原因、状況、航空会社のルール、担当するスタッフによっても対応が変わってしまう、ということ。とくに外資系の航空会社でこういったトラブルに巻き込まれてしまった場合、まったく同じ状況でも語学力次第では待遇も変わってしまうかもしれない。

また、航空券を個人手配する際は、各空港が定めている〝最低乗り継ぎ時間（ミニマムコネクティングタイム―ＭＣＴ―）〟は最低限守らなければいけない。数時間の余裕があるなら問題ないが、無理な乗り継ぎ便は予約しないように気をつけよう。

自分の利用する便が、遅延や欠航になる可能性を考えて旅の予定をたてる人は少ないが、万が一のことを考え、渡航先の初日は大事な予定を入れないこともおすすめしたい。個人旅行ではトラブルに巻き込まれてしまう可能性を十分に考えて、余裕を持ったスケジュールを心がけよう。

エジプトからケニアに飛ぶときある航空会社で乗り継ぎ8時間以上で決められた条件をすべて満たしていれば
ハァハァ
い、いつつぼし…
3~5ツ星のホテルを無料で用意してくれるというサービスがあった
私はあえて20時間トランジットの航空券を取った
ふかふか~!
ぼよーん
ぼよーん
条件はすべて満たしている
エヘヘ…
20時間ホテルで何しよう…♡
しかし、別日にもっとスムーズに行ける航空券があるためこれは対象外だ、と言われ…
ええ!
ガーン
NO!
キッパリ
20時間空港で過ごした
ソファーがあったのが唯一の救い…
死ぬ…
ゲッソリ…

乗り継ぎ時間が長すぎる！

最安値で検索した航空券は乗り継ぎ時間に注意

出発地や目的地、搭乗日や検索日にもよるが、航空券比較サイトで検索した最安値の航空券は、直行便が通っている路線でも乗り継ぎ便であることが多々ある。「掘り出しもの発見♡」と思っても、よく見ると〝移動時間44時間〟という、一体どこにつれて行かれるのか……と不安になるような航空券も紛れているのだ。

このような航空券は、何度も乗り継ぎをしなければいけなかったり、乗り継ぎ地で何時間も待たなければいけなかったりする。どんなに安くても、早く目的地に到着したい人には適さない航空券だ。

乗り継ぎ地を観光してしまうという方法

乗り継ぎ時間が長すぎるときは、空港で時間をつぶす以外に、乗り継ぎ国を観光してしまうという方法もある。入国してしまうのだ。乗り継ぎのためだけに立ちよった国に。

乗り継ぎ地での滞在が24時間未満はトランジット、24時間以上はストップオーバーとみなされるのだが、あえてこうした航空券を取って、一度の旅行で複数の都市を観光してしまおう！という人も結構いる。

一般的には、乗り継ぎ時間が最低でも5～6時間以上あれば観光可能といわれているが、これにはいくつか注意点がある。

①出発地で乗り継ぎ分の搭乗券を受けとっているか

乗り継ぎ便が、同一の航空会社やアライアンス（航空同盟）であれば、搭乗券は基本的に乗り継ぎ分もはじめに発行され、荷物も最終目的地まで運んでくれる。ただし複数に分かれた航空券の場合は、乗り継ぎ地で乗り継ぎ便の搭乗券を発行し、荷物も一度受けとって預け直しになるのだ。あらためて手続きが必要になるので、その分時間もかかる。最初の出発地のチェックインカウンターで、再度手続きが必要なのかどうか、あらかじめ確認しておこう。

②乗り継ぎ国はビザが必要か

ビザだけではなく、乗り継ぎ国にも入国に必要とされるものの規定がある。パスポートの残存期間はもちろん、アメリカであれば、たとえ観光をしないわずかな乗り継ぎだけでも、ESTAの取得が必須だ。こういった乗り継ぎ国の情報も事前に調べておかなければいけない。

ちなみに私が20時間という長い時間を空港で過ごしたときは、アライバルビザが取得できた。せっかくなので観光しようとしたのだが、このアライバルビザが非常に高額で、とてもパッと出せる金額ではなかったのだ。到着したのも夜遅い時間だったため、無理に外に出ることはしない、という判断に至った。

③空港から主要都市までの時間

日本であれば成田から都市部まではバスで90分ほどかかる。空港を出てから主要都市までが遠い場合、その移動時間も考えて観光するかどうかを判断しよう。

最低限、この3つは事前にチェックしておきたい。また、無事入国ができてもその国の通貨を用意しなければ、移動や食事ができない。空港内ではドルやユーロの主要通貨が使えても、外で使える場所は多くない。支払いをすべてクレジットカードで済ませられるキャッシュレス化が進んでいる場所でない限り、ATMで現地通貨を引き出すか、両替する必要があることも覚えておこう。

Transit time

Spain
Barcelona

空港で朝をむかえた日は、滑走路を眺めながら歯磨き。

Argentina
Buenos Aires

たった数時間の乗り継ぎでも、Wi-Fiもなく時間を潰すものもないと、ぐったり。とくに夜中に到着したときは寝坊しないよう、仮眠にとどめることで必死。

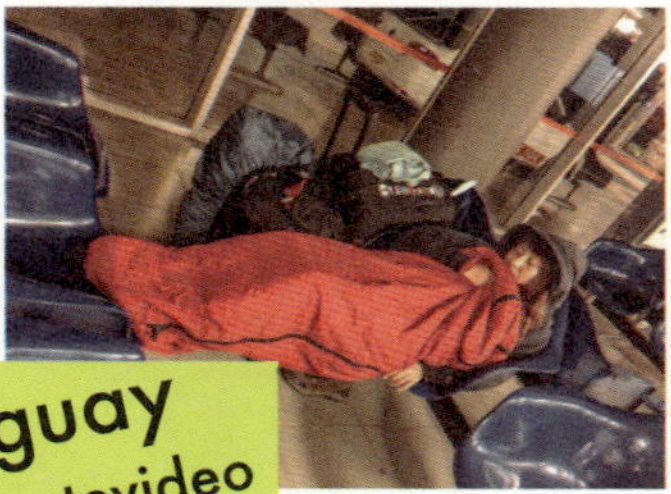

Uruguay
Montevideo

長距離バスを乗り継ぐこともある。接続がうまくいかないときは、こうしてバスターミナルで乗り継ぎ時間まで待つことも。

初空港泊はドバイだった
うろちょろ
どこで寝ようかなー
到着口だったからか
close後のレストラン
ゆっくり寝れそうな所がなかった
ここが唯一のソファー
いやでも…
居眠りスタイルじゃちゃんと睡眠できない…
グー
ガーッ
あれはせいぜい50分…
かと言って
絶対アイツが現れるよな…
ここに寝袋引くのはイヤ…
悩んだ末…
うーーん…
こうなった。
Zzz
器用

空港泊をすることになるシチュエーション

早朝深夜便を利用する場合

出発AM 5：00

乗り継ぎ時間が長い場合

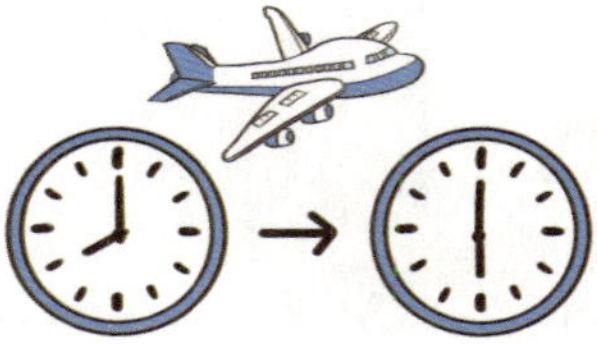

到着
PM 8：00

出発
AM 6：00

宿泊費を浮かす場合

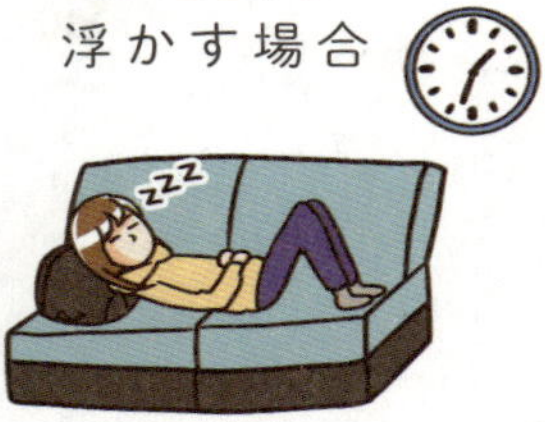

出発前・到着後の1日を空港で過ごす

空港泊をするときのチェック項目と注意点

椅子の手すりがない場所

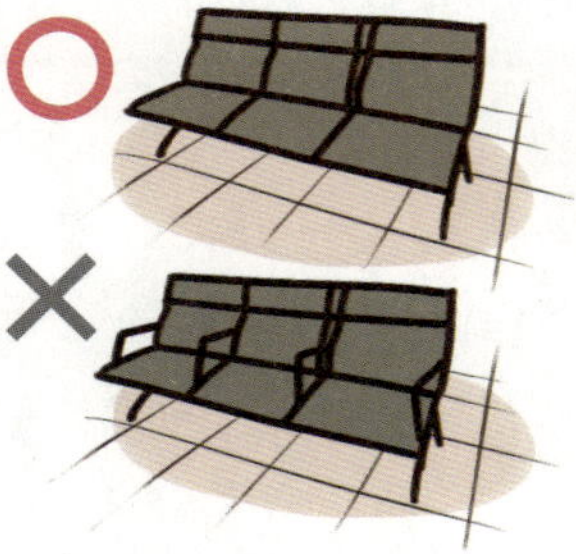

体を水平にして眠れるか眠れないかでは、空港泊の質が変わると言っても過言ではない。

コンセントが近い場所

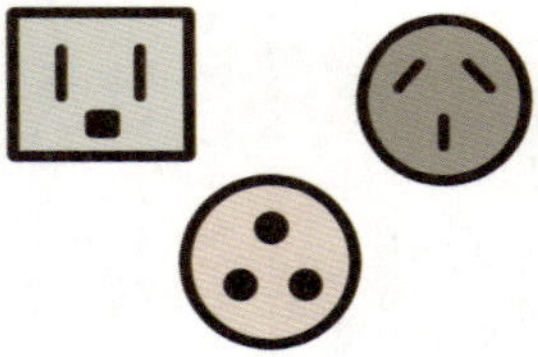

情報収集や暇つぶしに、電子機器は必須。

トイレが遠くない場所

理想は目を離さないことだが、やむを得ず大きい荷物を椅子に括ったまま離れるときに楽。

• • • • • • • • •

安全面での注意点はやはり盗難だ。大きな荷物はワイヤーロックなどで椅子にくくっておき、小さい荷物は寝るときも体から離さないようにしよう。荷物預かりサービスがあれば、一時的に預けても良いだろう（有料）。
空港によってWi-Fiの有無や設備に違いがある。こちらのサイトを参考に、快適な空港泊をしてほしい。http://www.sleepinginairports.net/

インドに向かう飛行機にて
わーい！一番うしろ♥ 眺めがいいわぁ〜♥
突然…
席を替わってくれ
ハ、ハイ…
が〜ん
一瞬にして大柄なインド人に席を奪われてしまった
離陸後すぐに
数席前に移動
事前予約者に機内食が配られた（LCC）
私はちゃっかり
パンケーキを予約済み♥
はー♥ 楽しみ♥
ハッ!!
そういえばさっきインド人に席交換させられたんだった…
どうしよう…後ろ振り向いて
うしろから配ってる可能性もある
そー
インド人がすでにパンケーキ食べてたら…！
恐る恐る振り向くと…
さっきはどーもー
フゥ
食べていなかった
ヒヤヒヤさせるぜインド人…
※CAさんが航空券をちゃんと確認していた

機内の座席を移動したい！

座席移動は可能？

航空会社によってルールは異なり、移動は原則禁じているようだが、離陸後の空席移動は黙認されることが多い。私の場合はCAさんへ確認をとって断られたことはほとんどない。料金を払って座席指定するLCCなどは、席の移動を一切禁じている場合が多いが、空いている席で一人ゆっくりくつろぎたければ、移動可能かどうか聞いてみても良いだろう。

ただし、離陸前は大勢の人が移動を希望すると、飛行機のウエイトバランスが崩れる可能性がある。移動を申し出るのは水平飛行に入ってからだ。

また、座席クラスの異なる移動はできない。空席があればその場でアップグレードできる場合もあるが、もちろん追加で支払いが必要になる。

快適な座席の選び方

座席にはさまざまな特徴がある。例えば後方よりも、前方・真ん中のほうが揺れが少ない。非常口付近の席は、広く開放感があるが、緊急時は指示にしたがって援助する必要がある。外資系の航空会社であれば、多少の英語力も必要だ。

〝快適〟の定義は人それぞれだが、個人的には外の景色を眺めながらの移動は快適さや旅感が増す。一般的には移動時間が長ければ長いほど通路側の席が埋まりやすいが、私の場合は移動時間が長ければ長いほど窓側の席を選ぶ。うつろう景色を眺めながらの移動は、到着時の「遠くに来たんだなぁ」という実感が強くて好きだ。「何を優先するか」で自分にとってベストな席を選んでほしい。詳細はP48で紹介しているので参考に。

機内での楽しみは
やはり機内食
わくわく♥
しかし
同時に不安な注文
チキンorビーフ？
えーっと
え〜
通じなかったらどうしよう…
自分の順番がくるまで
何度も何度もイメトレする
ビーフプリーズ
ビビーフプリーズ
ビビーフプリーズ
ビビーフプリー
ビビーフプリーズ
ビビーフプリーズ
ビビーフプリーズ
そしてついに…
ビ…
ソーリー
チキンオンリー
……!!!
有無を言わさずチキン登場
自分の座席直前で
ほしいメニューがなくなるのは
よくある話（後方の座席は要注意）
ムシャ
ちくしょー
ムシャ

機内食を楽しみたい！

機内食が出るタイミング

国際線のフライトでは、飛行時間によって1～2回の食事や軽食が提供される。離陸後、飛行機が水平飛行になったらドリンクのサービスがはじまり、その後機内食を配りはじめる。8時間以上の長距離フライトであれば、着陸の2時間ほど前に2度目の機内食が配られることも多いだろう。

LCCでは機内食が有料で、長時間のフライトは、事前に予約するか当日機内でオーダーすることになる。また、機内に食べものを持ち込んでも良い航空会社もあるため、おにぎりやお弁当を持ち込んで機内で食べるという人も少なからずいるようだ。もちろん飲食物の持ち込みを一切禁止している航空会社もあるので、自分が利用する航空会社の規則を前もってチェックしておこう（目的地へ入国するときに、没収される可能性のあるものは食べきるか破棄すること）。

お腹がパンパンにならないために

機内では気圧や乾燥、騒音などにより、味覚や臭覚が地上と比べかなり鈍ると言われている。それでも空の上で食べる食事は特別だ。個人的に機内食は、旅の食事で一番の楽しみかもしれない。

しかし無理に食事をすると、到着後せっかくの本場の料理がおいしく食べられない。出国前に空港で最後の日本食を……と、お腹いっぱい食事をしてしまう気持ちもわかるが、長時間のフライトは搭乗後、割とすぐに食事提供がはじまる。機内食を楽しみにしている人なら、この食事をコントロールするべきだろう。

また、機内食は好きなものを優先して食べたり、可能ならフルーツミールなど、特別機内食を予約してコンディションを整えたり、降車後の体調も意識するのが賢い楽しみ方だ。

滑走路を走る
あの爽快感
グ〜…
離陸直後の
体にかかるG
きた♡
飛行機大好きだった私は
世界一周出発から
3回目の飛行機で
機内食まだかな♥
ワクワク
悪夢を見る
ネパールへ向かう
飛行機で
ガタン!
ガタガタ
ガタガタガタ
!?
何度も何度も
落ちた(長い時間)
ヒュ〜〜ッ
神様!!!
これを機に
飛行機が怖くなってしまった
パイロットだって
人間…
昨日合コンで
二日酔いの可能性
だってゼロ
じゃない
ブツブツ
ブツ
ブツ…
そして
ガタガタ
気がつくといつも
祈りのポーズになっている
神様…
仏様…
キリスト様…
ブルブル

飛行機が怖い！

不安な人の思考回路

人為的ミス、機体不良、天候、テロ、操縦士の隠れた精神疾患……。不安な人はリスクを過剰に考える。私も強い揺れを感じたときは、まっ先に墜落をイメージしてしまう小心者だ。

「飛行機は世界一安全な乗りもの」「フライトで死亡事故に遭う確率は９百万分の１」「毎日乗っても事故に遭う確率は４００年に一度」などと言われるが、「自分にはその９百万分の１を引き当ててしまう才能だけはありそうだ……」とか「今日がその４００年に一度の日かもしれないじゃないか！」だとか、とにかく考えすぎてしまうのだ。

そして希望が持てない理由のひとつに、乗った飛行機が緊急事態に陥っても、自分の力ではどうにもできないことがあげられる。一度飛行機に乗ってしまったら、逃げることもコントロールすることもできない。

心配や不安が過剰な人は、完璧主義者が多いのかもしれない。私もその一人なのだが……。

克服を期待できる方法

飛行機を克服するために、私はこれまでさまざまなことを試してきた。機内でぐっすり眠れるよう寝不足でフライトに挑んだり、エンターテイメントを持ち込み気を紛らわせようとしたり。隣に座った見知らぬ人が、飛行機が大きく揺れるたび怯える私を慰めてくれたことも、実は一度や二度ではない。

しかしはっきり言って音楽を聴くとか映画を観るとか、いっそのこと寝てしまうなんていうのは私にとってあまり有効ではなかった。一時的に気を紛らわせているだけで、根本的な解決にはなっていないからだ。

医師から睡眠薬や精神安定剤をもらうのもひとつの解決策だが、飛行機を克服しつつある私は、あるひとつの結論にたどり着いた。それは、飛行機や運行に関わる人たちを〝信頼すること〟だ。信頼がそう簡単ではないことくらいわかっている。しかし、飛行機に関する本を読んだり、飛行機の工場見学を申し込んだり、飛行機や運行に関わる人たちを信頼する努力をしてきた私は、それがどんな気の紛らわせ方よりも強力で有効な方法だと確信している。

私が飛行機好きだったのは27歳のときまで。飛行機が怖くなった理由は、ネパールへ向かうあの何度も落ちたことによるトラウマ以外に、実はもうひとつある。よく当たる占い師から「27歳で結婚相手と出会う」と言われていたことだ。

一見関係なさそうだが、27歳で結婚相手と出会うということは、27歳までは死なない、ということに変換できる。ここから、「死なないということは、飛行機で事故に遭うこともないから、怖くない！」という、都合のいい方程式が完成したのだった。

ところが27歳を超えるか超えないかあたりから、飛行機が急に怖くなりだした。方程式がくずれる期限が近づいていたからだ。

なぜこの第三者からするとまったく信憑性のない方程式が作られたかというと、占い師の言うことを、私は心の底から信じていたからだ。信頼していたのだ。安全な運行にまったく関与していない占い師を。

ではこの信頼を、飛行機やそれに関わる人たちに向けたらどうだろうか。

本来飛行機はそう簡単に落ちない。操縦士や客室乗務員、整備士や安全な飛行に関わる人たちは、私たちには想像もできないような厳しい訓練、自己管理をしている。どれほど厳しいか、一度調べてみると良いかもしれない。

彼らは自分の命のみならず、仲間や乗客、大勢の命をあずかっているのは百も承知。このとんでもなく大きな責任感は、人命を救う医師と変わらない。いや、それ以上かもしれない。

たしかに事故に遭う可能性はゼロではない。それでもトラブルに遭ったとき、一丸となって私たち乗客を守ってくれようと戦う人たちを信頼せずに、他に何を信頼しよう。彼らが日々強い覚悟を持って乗客を運んでくれているのなら、私も彼らに命を預ける覚悟を持ちたい。そうして少しずつ、「無事に着陸した！」という成功体験を積み、飛行機恐怖症を克服できると私は信じている。即効性のある対処法ではなくて申し訳ないが、私は不安や恐怖の正体は自分自身の中にあると思っている。飛行機を克服するための鍵は、相手によせる〝期待〟ではなく〝信頼する〟というこちら側の強い覚悟だ。

ちなみに私は、占い師に言われた結婚相手とはまだ出会っていない。今年34歳になる私は、絶讃独身中だ。

揺れるたびお祈りをしているインド人もいた。

ギリシャに滞在していたとき
スペインで出会った女の子から連絡がきた
リノ
リノ
りのちゃん今どこ?
ギリシャにいることを伝えると
ギリシャだよ！
え！！私、明日からギリシャ！
その子は旅で出会った人の中で
断トツにカバンがでかかった（私より）
いつもそれ持ち歩いてんの？
そうだよ
何入ってるの？
コテとか
ふんが、
ガコッ
ブンッ
ガコガコ
下りの階段なら突き落としてしまうらしい…
そんな彼女はギリシャに…
りのちゃん！
ほぼ手ぶらで来た
スッピン
ストレート
寒いのに超薄着
ロストバゲージしちゃってさー服も何もないのー
マジかよ…

預け荷物が出てこない！

荷物が届かない主な原因

タグが外れてしまっていたり、スーツケースに古いタグが残っていたりすると、誤って別の場所へ運ばれてしまうことがある。出発便が遅れたために、乗り継ぎのときに荷物の積み替えが間に合わなかったり、不審物を疑われ開披検査されたりして間に合わないこともある。

荷物が届かなかったら、出発地、もしくは乗り継ぎ地に置き去りになっていることがほとんどだろう。ただし、他人が自分の荷物と間違えて持っていってしまう、クロスピックアップの可能性もあるので注意したい。

荷物を預けるときに発行してもらうタグはしっかり保管し、目的地が間違っていないかどうかを受けとったときに確認する作業が大切なのだ。

もしもロストバゲージしたら

もし荷物が出てこなかったら気が気じゃないだろうが、落ち着いてエリア内の係員やカウンターを探して、荷物が出てこないことを伝えよう。そして、荷物を預けたときに受けとった半券（クレームタグ）と航空券を提示して、荷物の特徴や滞在ホテル、自宅の住所などを説明する。旅行前に自分の荷物をスマートフォンで撮影しておくと、こういう〝いざというとき〟に助かる。係員はそれを元に証明書を発行してくれるので、大切に保管しよう。

航空会社によっては、その場で最低限の身の回り品を用意してくれることもあるので、アメニティキットなどがもらえるかどうか聞いてみても良いだろう。ほとんどは24時間以内、または一～二日遅れて到着するが、数日～数週間という例も稀にある。

正確には荷物の到着が遅れることを「ディレ

イドバゲージ」と言って、後日お見舞金（荷物が遅れたことによって発生した身の回り品などの費用）を請求できる。しかし残念ながら、本当に最後まで見つからない、「ロストバゲージ」してしまうこともある。

その場合、航空会社から補償金が支払われるのだが、補償額の上限は決められている。額は、搭乗クラスや航空会社が加盟している条約などによっても違いがあるのだが、1kgあたり、もしくは荷物ひとつあたりに対する補償だ。つまり、どんなに高価なものが入っていても〝全額補償してもらえるとは限らない〟ということになる。

航空会社の補償だけで補えなかった差額は、海外旅行保険の、航空機寄託手荷物遅延等費用補償特約、または携行品補償特約を頼りにしたい。もちろん二重請求はできない。

万が一のために

ロストバゲージしない一番の予防策は、荷物を預けないことだ。機内持ち込み手荷物だけで済ませられるなら、そのほうが良い。荷物を預けるなら、貴重品、家の鍵や大事なデータ、常備薬など、絶対になくなっては困る替えのきかないものは、預け荷物に入れないようにしよう。

また、ネームタグやバンドなどの目印をつける、早めに入国審査を通過し荷物を取りにいくなど、クロスピックアップを防ぐ準備も大切だ。私はどこにでもありそうな黒いスーツケースを使っていたが、自分の行った国のワッペンを貼ってかなり目立つようにしていた。間違えて取られたことや、持っていかれたことは一度もない。

Check in luggage

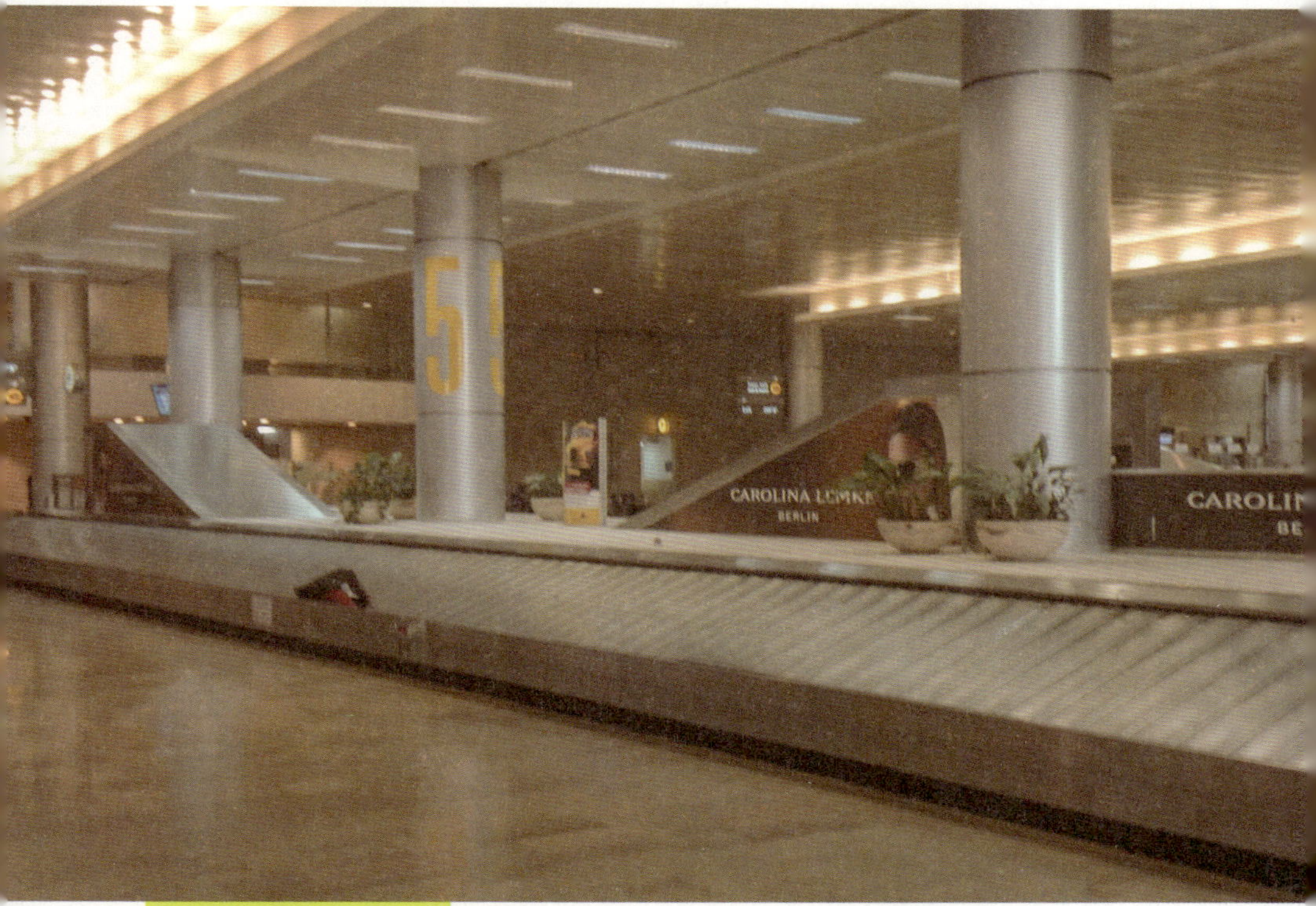

Israel Tel Aviv

入国に手間取り、バッグを取りにいくのが遅くなってしまったこともあったが、最後までしっかり残っていた。

バックパックに行った国のワッペンを貼れば、オリジナリティ満載！

Thailand Bangkok

国旗のワッペンは世界中に売っている。

わたしの一人旅コラム

快適な座席の選び方

前方

前方はエンジン音が比較的静かで、揺れも少なめだ。飛行機が到着したあと、ボーディングブリッジを使って降機する場合、早めに降りることもできるので、入国審査も後方の席の人に比べてスムーズ。

中間

飛行機が苦手な人は、中間（主翼付近）が良いだろう。中間は飛行機の重心になっているので、揺れが最も少ない場所だ。ただし、翼上部の席はエンジン音がうるさく、窓側でもあまり景色を楽しめない。

後方

人気路線やハイシーズンでなければ、後方は空いている可能性が高く、他人を気にせずのんびりできる。しかし、飛行機の中で揺れが最も大きく、エンジン音も前方に比べてうるさいのは少しストレスになるかもしれない。後方から配ることもあるが、機内食が配られるのも後半だ。飛行機を降りる順番も後半になるので、出国審査に長時間ならぶ可能性がある。

A 窓側

景色を楽しみたい人は、断然窓側だろう。ただし羽の真上は、ほとんど景色が見えない。少し寒いが、壁にもたれかかれることも、長時間のフライトではメリットといえる。座席指定できるとき、私は100％の確率で窓側を選ぶ。

B 中央席

人気路線でなければ、席が空いていて隣が空席になる可能性が高いことがメリットだ。デメリットは、やはり景色がまったく見えないことだろう。

C 通路側

トイレに立つときや、飲みものを取りにいくとき、隣の人に気を使いたくなければ通路側がおすすめだ。頭上に入れた荷物を出し入れする機会が多い人も、通路側が良い。適度に立って体を動かすことで、常に同じ格好でいるストレスも軽減される。窓側の人が立ちあがりたいときは、自分が寝ているときでも起こされる可能性もあるが、そこは広い心で。

・・・・・・・・・

景色や写真を楽しみたい人にとっては、飛行機の右側の席か左側の席かも重要だ。出発時間とルートさえわかれば、光の差し込む方向がだいたいわかるので、外の景色はどちら側がより楽しめるか事前にチェックできる。ルートは変更になってしまう可能性もあるが、どちら側に座るのがベストかを提案してくれている記事を参考にしてみるのも良い（http://www.alexterieur.net/conseils/quel-cote-avion-choisir-atterrissage/）。たとえばロサンゼルスへ向かうなら、右側に座ると着陸時にハリウッドサインが窓から見えるラッキーがあるかもしれない。機内の座席の特徴やサービスを調べられる SEAT GURU(https://www.seatguru.com/) も、ぜひ参考にしてほしい。

第2章 移動トラブル

トルコの空港に到着し
空港職員
ここまではバスで
ここからはタクシーオンリー
フムフム
目的地まではタクシーを使わなければ行けないことを知った
タクシーのおおよその料金情報もGETした
タクシーアバウトハウマッチ？
大体…
タクシーは15トルコリラだった
Bus
TAXI 15
タクシー乗り場に着くと…
Taxi?
Taxi?
Taxi?
Taxi?
Taxi?
ワラ
ワラ
ワラ
ワラ
その中の
How much?
14トルコリラ！
陽気なおじさんに聞いた
おお！相場!!
しかしタクシーは14トルコリラで止まることはなく
何度も同じような場所をぐるぐる回った
この場所さっきも通ったような…
TAXI
こ、このジジイ…「14」じゃなくて
「40」のつもりでいるな…!?

ようやく停車したとき
ほら40だ
相場の倍以上…
メーターは「39.89」で止まっていた
39.89
これは明らかに
You Say 14!!
No! I Say 40
詐欺…!!
未だに「フォーティー」と「フォーティーン」
どっちがどっちかわからない私…
フォーティー forty 40
フォーティーン fourteen 14
こ、こいつ…キレイに40で止まるあたり
やり慣れてる!!
ムムム…
しかし「遠回りしたでしょ!」の言い方が分からない
荷物もトランクの中…言われるがまま支払うしかなかった
くっ…
ほら、早く
ブォーン
まいどー♪
しかも降ろされた場所は…
目的地ではなかった
あんんんのジジイ〜!!!

タクシーの乗り方がわからない！

海外の短距離移動手段

海外での移動手段は、日本でもおなじみのバスや電車、タクシーをはじめ、それぞれの国で呼び方は変わるが、バイクタクシーや人力車などがある。

利用の仕方はどの国もだいたい同じだ。しかし、タクシーよりも電車、電車よりもバスのほうが難易度が上がるので、土地勘がゼロの状態でいきなり市営バスに乗るのは、少し勇気がいるかもしれない。

その分タクシーは、行き先さえ告げれば目的地までつれて行ってくれ、とても便利なのだが、観光地以外では現地の言葉しか話せない運転手が多いのも現状。金額交渉含め、コミュニケーションにはなかなか苦労する。

最近では〝Uber〟などの配車アプリが世界中で利用され、海外でのタクシー移動の定番になりつつある。手配がとても簡単で、ぼったくりなどの心配も少ないので、海外旅行の新しい移動手段として利用する旅行者も増えているのだ。

タクシーでよくあるトラブル

最も多いトラブルといえば、ぼったくりだろう。海外のタクシーは、日本のようにメーター式とは限らないのだ。まずは運転手の言い値から値段交渉がスタートする。こういった場面で、相場を大きく上回る金額をふんだくろうとする運転手も残念ながら少なくない。ただし向こうも商売。法外に高い金額を要求してくる場合を除けば、交渉力が必要だ。

海外タクシーを利用するときの鉄則を、ひとつ覚えておいてほしい。それは、〝夜間の移動はなるべくしないこと〟。治安の不安な地域はとくにだ。深夜便で空港に着いたら、ホテル専用のピックアップ車に迎えに来てもらうか、できればしばらく空港で過ごし、明るくなってから移動することをおすすめする。土地勘がない観光客が深夜のタクシーを利用するのは、仮に数人であってもリスクが高い。

ぼったくりで済めばいいが、仲間が待ちぶせる場所へつれて行かれ、強盗に遭う可能性だってあるのだ。実際に男性を含めた数人でも、そういった被害に遭っている日本人もいる。タクシーに乗って命の危機に晒されるなど、絶対に避けたいことだ。

観光客であること、日本人であること、女であることは、知らない土地では大きなリスクになり得るのだ。タクシーに乗るときは「はじめて」「日本人」「一人旅」など、あまり積極的に言わないほうが良いかもしれない。ドライバーとの出会いや会話もひとつの交流だが、それでも慎重すぎるくらいがちょうどいいと私は思っている。タクシーでのトラブルは非常に多くの旅行者が経験しており、決して他人事とはいえないのだ。

覚えておきたいタクシー利用時のポイントと注意点

相場を知る（調べる、現地の人に聞く）https://www.taxifarefinder.com/
メーターがついていても事前にいくらか聞く（お金の単位も確認）
聞きとれなければ紙に書いてもらう
行き先や住所を紙に書いて見せる
遠回り防止のため、地図アプリを利用する
メーターの動きをみる
UberやGrabなどの配車サービスを使う
荷物はトランクに入れない
細かいお金を用意しておく
交渉や抗議は人気のある車外で行なう

これまでの長距離バスは
決して楽ではなかった
ヒィッ
よっ!
窓のフチにゴキブリが登場したり
治安最悪と言われる国境付近で
置いて行かれたこともあった
ブロロロロッ
ドタ
ドタ
うしろの子供がプロレスをはじめたり…
(これが一番イライラする)
心を無に
ガタガタ
暑い国でのバス車内は
冷蔵庫レベルの冷房だったりする
しかし不思議なもので
外の景色を眺めたり
ボケーっとしたり
ここでの生活を
受けいれてしまうと
たまにある
8時間程度の移動は
なんだか物足りなく
感じてしまう
ただし30時間を超える移動は
お尻が4つに割れる
(南米ではザラ)
ヒリヒリ
もう限界! 座ってられない!!

次の目的地まで長距離バスで移動したい！

海外の長距離バス

長距離バスは長い陸路移動のメインになる。グレードによるが、一般的に飛行機や列車よりも割安だ。座席が広くテレビがついているシートや、リクライニングの角度がほぼ水平まで倒せるシートなどランクもさまざま。移動時間が長ければ軽食が出されることだってある。

そんな贅沢は必要ないと思うかもしれないが、安さばかり重視するのはあまりおすすめしない。たとえばトイレつきと聞いていたのに、実際は故障していたり、あまりの汚さに使える状態ではなかったりすることもある。座席の間が狭すぎて、リクライニングがまったくできない、なんてことも。

同乗者の盗難や、バス自体が強盗に遭ってしまう可能性もゼロではない。これはランクに関係なく、どのバスにもあり得るリスクだが、やはり格安であればあるほどそのリスクは上がるといっていいだろう。

また、海外の長距離バスは、暑い国ほど車内を冷やす習性がある。座席真上についている冷房の風量や風向きを調整できずに、何時間もじかに風を受けて凍死しそうになる、というのは多くの旅人が経験している。暑い国ほど防寒着は必須だ。車内に一歩踏みこめばそこは冷蔵庫の中だと覚悟しておいたほうがいい。

ネパールには凸凹道を進むため、何度もおしりが浮くことから名付けられた「ジャンピングバス」と呼ばれるバスもある。一方でＷｉ‐Ｆｉが使えるバスに遭遇することも。一口に長距離バスといっても、国やグレード、道によってさまざまなのが、バス旅のおもしろいところだ。

長距離バスのトイレ休憩

バスに綺麗なトイレがついていれば問題ないのだが、私の経験上ほとんどが、トイレなしか、故障中か、汚いかの三択だ。

バスが休憩所に停車したら、何分後に出発するのかを第一に確認しよう。食事も含めて40分後というときもあれば、15分後にすぐ出発するというときもある。発車前は、丁寧に人数確認をしてくれることは少ないので、置き去りにされることだけは全力で阻止したい。

　また、バスが立ち寄る休憩所は、日本のサービスエリアと同じように他の会社のバスも集まってくる場所だ。停車場所とバスナンバーは、しっかり覚えておかないと高確率で迷子になる。

快適なバス座席の選び方

好みやバスの仕様にもよるが、一番うしろの席は避けるのが無難だ。理由はバスの揺れが大きく、リクライニングができない場合が多い上、もしその状態で前の座席の人にリクライニングされてしまったら本当に窮屈だからだ。

　トイレ近くの座席もおすすめしない。トイレを使用したい人が何度も通ることがストレスになり、扉が開くたびに臭いも気になる。

　窓側と通路側でいえば、圧倒的に窓側をおすすめしたい。通路側に比べ少し寒いかもしれないが、長距離バスの醍醐味といえば、飛行機では一気に通り過ぎてしまう景色や、その地に住む人々の日常を、垣間見れることではないだろうか。これはとても貴重な経験だと私は思う。ただし、断崖絶壁の道で崖側に座ってしまったときは猛烈に後悔するので、バスのルートには注意してほしい。

　海外には二階建てのバスも多く、一階に比べ揺れが大きいが、二階の最前列は景色も抜群で非常に人気がある。

　座席の位置はどちらの場合もタイヤの上はおすすめしない。ここは段差の振動が一番伝わりやすい場所だ。酔いやすい人は揺れの少ない、真ん中あたりの席が良いだろう。

長距離バスを快適に過ごすためのアイテム

防寒具

ユニクロのウルトラライトダウンや寝袋など

モバイルバッテリー

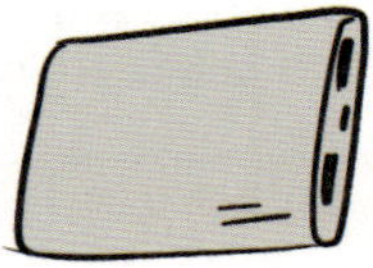

コンパクトで出力が強く、容量の大きいもの

ネックポーチ

貴重品入れ

洗面具

歯ブラシ・石鹸・セーム、数日シャワーできないときは、汗拭きシートやおりものシートがあると◎。

その他

耳栓・アイマスク・ネックピロー・マスク・飲みもの・お菓子

● ● ● ● ● ● ● ● ●

荷物の管理方法

隣に座った人とどんなに仲良くなっても、油断は禁物。とくに寝ている間は、荷物は体から離さないのがベストだ。パスポート、現金、クレジットカードはネックポーチなどに入れ、首から下げたらそのまま服の中にしまおう。休憩でバスから降りるときも、荷物は持って降りること。絶対に避けたいが、万が一バスに置いていかれたときにでも、手元に貴重品類がすべてそろっていればなんとかなる。

私たちが当たり前のように持っているものでも、国によっては非常に価値のある高級品という可能性もある。荷物の出し入れや、寝ているときの管理まで気を配ることが、長距離バスでは重要だ。

ヨーロッパは
陸路でバス移動がメインだった
ブルガリア！（ブルガリア）
トゥモロー！（明日）
ワン！（一人）
OK!
バスチケットを買うのも慣れてきた
ある日
ドイツまでのチケットを買おうとバスチケットオフィスに行くと…
ドイツ！
トゥモロー！
ワン！
全く通じない
ハア？
What?
当時「ドイツ」が英語ではないことを知らなかった
アタフタ
どーしよ!!
アセアセッ
正解：Germany《ジャーマニー》
そのとき
？
あ！
世界地図!!
なんとかチケットを買えた
Oh! OK!
Here!!!!
(ここ!!!!)

チケットが買えない！

窓口で購入するとき

列車や飛行機、船などのチケットは、移動する限りさまざまなシーンで必要となるが、ここでは国をまたぐような長距離バスを例にとる。

長距離バスはほとんどの場合、その都市にある主要ターミナルから発車する。チケットは、駅やターミナルにズラリとならんでいるオフィスで直接購入するか、街中で見かけるツアー会社のオフィスで購入するのが一般的だ。

窓口では英語ができるに越したことはないが、最低限「いつ」「どこまで」だけでも伝えることができれば大丈夫。当日の購入でも満席で乗車できない、ということはほとんどないだろう。ただし、人気路線やその土地の祝祭日は注意しよう。

オフィスによって値段が多少変わることもあるが、いくつか窓口を回って比較したり、ネット上の評判や旅人の口コミを参考にしたりして、バス会社やチケットの種類を決めると良い。

インターネットで購入するとき

インターネットでチケット購入できるバス会社でも、予約サイトの言語は現地語か英語、せいぜい中国語とスペイン語だ。慣れない人には荷が重いと感じるかもしれない。

そういうときは、Google Chromeの翻訳機能を使えば、言語の壁もクリアできる。外国語のページを日本語に変換してくれる、非常にありがたい機能だ。完璧な日本語にはならないが、だいたいのニュアンスは理解できる。

バスに限らず、鉄道や船、飛行機もこの方法で英語サイトを和訳すれば、初心者でもオンラインでチケット購入が可能だ。Googleのみならず、サイトごと翻訳可能なアプリは今や数多く存在する。便利な時代に感謝して、使える術は存分に活用しよう。

インターネット予約でよく見るフレーズ

Return	復路	Seat	座席
One-way	片道	Carry on baggage	持ち込み荷物
Origin（From）	出発地	Check in baggage	預け荷物
Destination（To）	到着地	Meal	食事
Departure date	出発日	Connecting flight	乗り継ぎ便
Return date	復路日	Direct flight	直行便
Flexible	予約変更可能	Fare	料金・運賃

バスチケットを購入するときに聞けると良い情報

この目的地は最終地点ですか？	Is this the last stop?

目的地がそのバスにとって途中地点であれば、もたもたしているとすぐにまた発車してしまう。降車場所がそのバスの最終地点でないのであれば、運転手に降りたい場所を伝えておくか、目的地の到着予定時間を聞いておくと良いだろう。

到着場所（バス停やターミナル）の名前を教えてください。	Could you tell me the name of the place to get off?

到着場所の詳細がわからないと、目的の都市に到着したとはいえ「ここはどこ？」現象に遭う。降ろされた場所から予約した宿までは、果たして近いのか遠いのか。日本のように予約の詳細をもらえることは少ないので、これもできる限り事前に聞いておきたい。

バスは何時に到着しますか？	What time will we arrive?

行き先の治安が心配なときはとくに、夜到着するバスは避けたほうが良い。暗くなってから動き回るのは危ない。夕方に到着予定でも何時間も遅れてしまう可能性もあるので、なるべく日中に到着する便か、無理なら途中の街で下車できる便を選ぼう。

World Tickets

旅中チケットを買うタイミングは非常に多い。

Bolivia
La Paz

Austria
Mozart

Brazil
Iguazu Falls

India
Taj Mahal

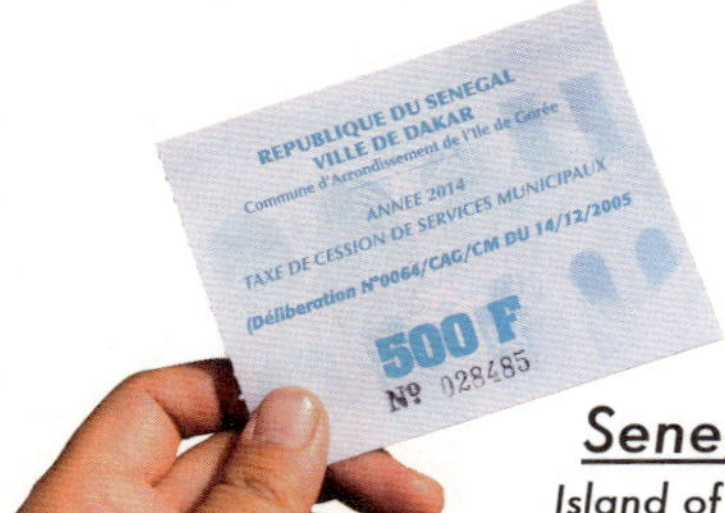

Senegal
Island of Goree

Morocco
Rabat Zoo

Jordan
Petra by Night

旅をはじめた当初
私の荷物は32kgあった
着れる服は全部着た
リュック 約8kg
パツ
手下げカバン 約4kg
パツ
スーツケース 約20kg
しかし途中スーツケースを日本に送り
新しくリュックを買いバックパックデビューした
70ℓ 27kg!!
使わないものは捨てるor日本へ送り返した
スーツケースに比べ不便なのは
宿に着いたら荷物をイチイチ出さなきゃいけないところ
Shampoo
パッキングも慣れるまで大変だ
この隙間にこれを……
パズル…
さぁこれから
宿を出るというときに…
ポッーン…
入れ忘れた荷物が
残っていようものなら
お主…なぜそこにいる…
ゴォオオオ
くっそ〜〜!!!!
もう一泊してやる!
クルルルルル
パタン
置いていくとか無理やり詰めるという発想はない

荷物が重くて移動が大変！

快適な旅は荷物で決まる

私は旅で「荷物が多くてよかった」と思ったことは一度もない。もしものために持ってきた荷物は、ほとんど出番はこなかったし、それどころか現地で当然のように売っていたりする。

これから行く場所に人が住んでいるのなら、そこに人が生きていくためのものはそろっている。その土地に欠かせないものはその土地で手に入るのだ。

多すぎる荷物は人を億劫にさせ、行動範囲を狭めてしまう。荷物が多いと遠くに行けないのだ。

荷物を減らす心構え

頻繁に使うものでないなら「あったら便利」はなくても良い。あれもこれも詰めたくなるが、日本で使っていないものは海外でも使わない。

私は、シャンプー、リンス、ボディーソープすら持っていかなくて良いと思っている。小さいボトルにつめ替えていく必要もない。到着したら、現地のスーパーやドラッグストアで購入し、余ったら捨てるか、自分のお土産にして帰国後も使っている。不安なら到着する初日の分だけ、サンプルサイズのものを持っていくと安心だ。

洗顔とボディソープは石鹸ひとつで、これも現地で調達する。洗浄後のケアはそれぞれこだわりがあるかもしれないが、大容量の化粧水を持っていくのはおすすめしない。肌荒れや乾燥に悩む人がこだわるべきは、化粧水よりも美容液だ。

私はその土地のシャンプーや石鹸は必ず試す。調達しに行くことが、旅のひとつの楽しみでもある。使い慣れたものを手放すことも、非日常を感じるために必要なことではないだろうか。

一番かさばる衣服についてはP99参照。

わたしの一人旅コラム

旅行出発前に！最低限調べておくこと

私が旅でこれほどまでにトラブルに巻き込まれてきた理由は、私がドジであること……だけではない。ほとんどは「準備不足」だ。断言できる。

常にどこか無意識に運試しや実力試しをしていて、準備を怠ることが多くあった。そして、準備するときの面倒くささと、当日トラブルに巻き込まれたときの大変さを天秤にかけたとき、圧倒的に「後者の方が楽！」という謎の判断基準も加わり、結果このようなトラブルだらけの旅になった。

準備（調査）不足で一番後悔したのは、世界一のスピードを誇るジェットコースターに乗りに、ドバイのフェラーリワールドに行ったら、まさかのジェットコースター１ヶ月間点検中……という残酷な現実を突きつけられたとき。

そのときは笑い話で済んだものの、もしかしたら準備を怠ったがために危険な目に遭うことも考えられる。初めての国や目的の観光地に向かう際の、最低限調べておくべきことをおさえておこう。

最低限調べておきたいことリスト

1DH（ディルハム）：約12円
タクシー10分：20〜30DH
食事：25DH〜
水：7DH
下ろす金額：1500DH

「通貨」「レート」「物価の相場」を確認しておこう。滞在期間や目的に応じて、いくら必要なのかも算出しておくと良い（P88参照）。

宿の住所：
Kasbah de Marrakech 4000,Marocco
駐車場横のバス停：19番 Place Djemaa dl Fna 下車 30DH 30分 最終21時半
タクシーなら：70DH前後15分

到着場所から宿（目的地）までの行き方を確認。時間や料金も調べておくと◎。宿が決まっていない場合は、目星をいくつかつけておこう。旅行中、帰る場所の住所をアナログで残しておくことが大切（緊急時の連絡先や大切な書類なども、紙（コピー）・端末・クラウド上の３つに保存しておくと完璧）。

親切を装って詐欺やスリ
金銭目的の犯罪多数
細い路地での首絞め強盗

これは紙に書かなくても良いが、治安や現地でよくある犯罪はチェックしておくべきとても大切なこと。こういった情報は変わりやすいので、外務省の海外安全ホームページで確認するのが確実だ。旅先の最新安全情報が受けとれる「たびレジ」へは、ぜひ登録しておこう。災害、多発する犯罪や被害情報、デモやテロ予告の情報まで知らせてくれる。

こんにちは：アッサラームアレイコム
ありがとう：シュクラン
さよなら：プスラマ

挨拶は到着した瞬間から使う。空港職員、バスの運転手、宿のスタッフetc……。すぐに使う機会が訪れるので、現地語の挨拶は、その地を踏んだ瞬間から何度も使って覚えよう。

第3章
宿トラブル

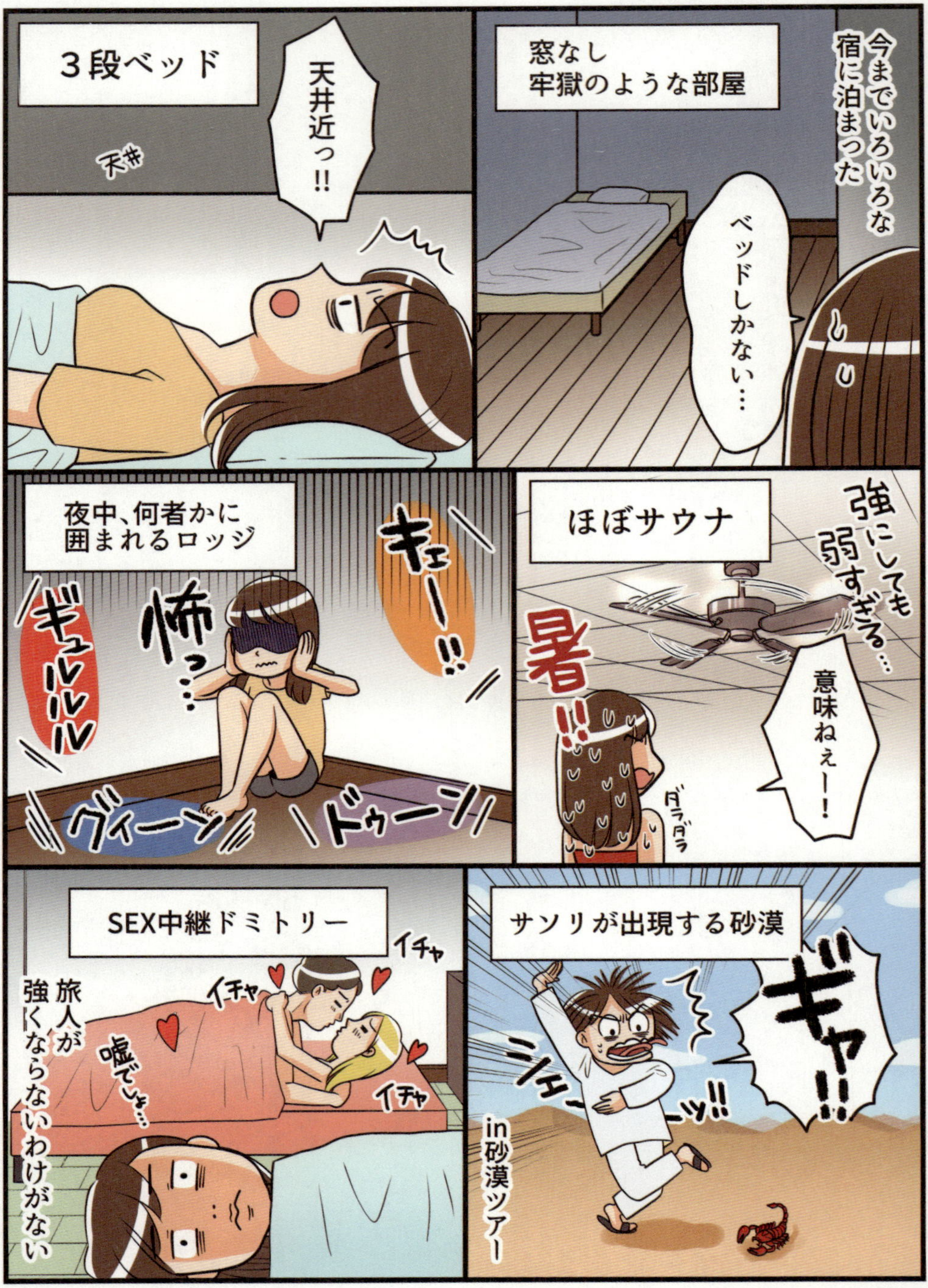
今までいろいろな宿に泊まった
窓なし
牢獄のような部屋
ベッドしかない…
3段ベッド
天井近っ!!
天井
ほぼサウナ
強にしても弱すぎる…
暑!!
意味ねぇー!
ダラダラ
夜中、何者かに
囲まれるロッジ
キェー!!
怖っ…
ギュルルルル
グィーン
ドゥーン
サソリが出現する砂漠
ギャ!!
シェーッ!!
in砂漠ツアー
SEX中継ドミトリー
イチャ
イチャ
イチャ
嘘でしょ…
旅人が強くならないわけがない

宿選びに失敗したくない！

宿選びの決め手

宿泊費は宿を決定する上で非常に重要な項目だが、同じくらい無視できない重要な項目に「立地」がある。どんなに安くてお得な宿でも、空港や最寄駅、バス停などからのアクセスが極端に悪い場所はおすすめしない。

中心街から離れれば離れるほど、宿の値段も安くなる傾向にあるが、便が悪いだけでなく、治安が悪くなっていく可能性もある。だから宿は主要都市に近い場所、観光する予定のところに近い場所を探すのがベストだ。安いばかりの不便な地に宿を取っても、結局は移動時間と交通費がかさんでしまう。

その宿が自分にとって、最低限必要な設備を整えているかどうかも確認しておきたい。ただし、サイトに記載されている設備内容は、あまり鵜呑みにしないほうが良いだろう。Ｗｉ－Ｆｉ完備と書いていいながら、実際には使えるのはロビーだけで、部屋までＷｉ－Ｆｉが届かない、ということもある。

こういった細かい情報は、実際に泊まった人たちの口コミを参考にしよう。「水シャワーしか出ない」「近くにスーパーなどのお店が一切ない」「メイン道路沿いで夜の騒音がひどい」など、親切に書き込まれていることが多い。良い評価よりも悪い評価に目を通すことが大事だ。気になる宿は、事前にGoogle Mapsのストリートビューで確認し、雰囲気を掴んでおくのも良い。旅人がよく利用する宿であれば、ブログなどで宿の評判を探しても良いだろう。

また最近では、Airbnb（エアビーアンドビー）をメインで利用する旅人も多い。世界192カ国で提供されている民泊仲介サービスだ。ホテルとは違い、現地の部屋や家を貸したい人が提供する宿なので、コスパが良くユニークな部屋も多い非常に人気のサービスだ。

宿は料金の安さだけでなく、立地・治安・設備・口コミとのバランスを考えて選ぶようにしよう。

長旅での宿予約

安宿も高級ホテルも、ほとんどの宿はインターネットで予約できる時代だ。長期旅行で安宿をメインに利用するなら、ハイシーズンや人気観光地、お祭り時期でなければ、当日突撃で宿泊ができる。実際に部屋を見せてもらってから決めることもできるので、予約をせずにとりあえず安宿が集まるエリアに向かう旅人も多い。

しかし、大きな荷物を持って歩き回るのは、面倒でリスクも伴う。新しい都市へ移動する初日は、一泊だけでも予約をして行くのをおすすめする。気に入れば延泊すれば良い。予約をしない場合でも、宿泊したい宿の目星を2つ~3つはつけておくと、重い荷物を持って無駄に歩き回らずに済むだろう。

ドミトリーベッドの場所選び

まず、出入り口付近は避けること。人の出入りが気になって安眠できないからだ。また、コンセントに近い場所を選ぶと、充電しながらベッドの上でスマートフォンやパソコンを使うことができる。

2段ベッドなら、下の段がおすすめだ。荷物を広げやすく、とくに夜は大きな荷物を近くに置いておける安心感がある。そして単純に登り降りがない分楽だ。人目が気になるようであれば、ストールやタオルでカーテンのように目隠しができるし、洗濯ロープを張って洗濯物もかけられる。ただし2段ベッドの高さによっては、ベッドに座れないくらい間が狭いこともあるので、あまりに窮屈であれば上段のほうが良いだろう。

宿探しはなかなか大変。

Look for a hotel

Peru Cusco

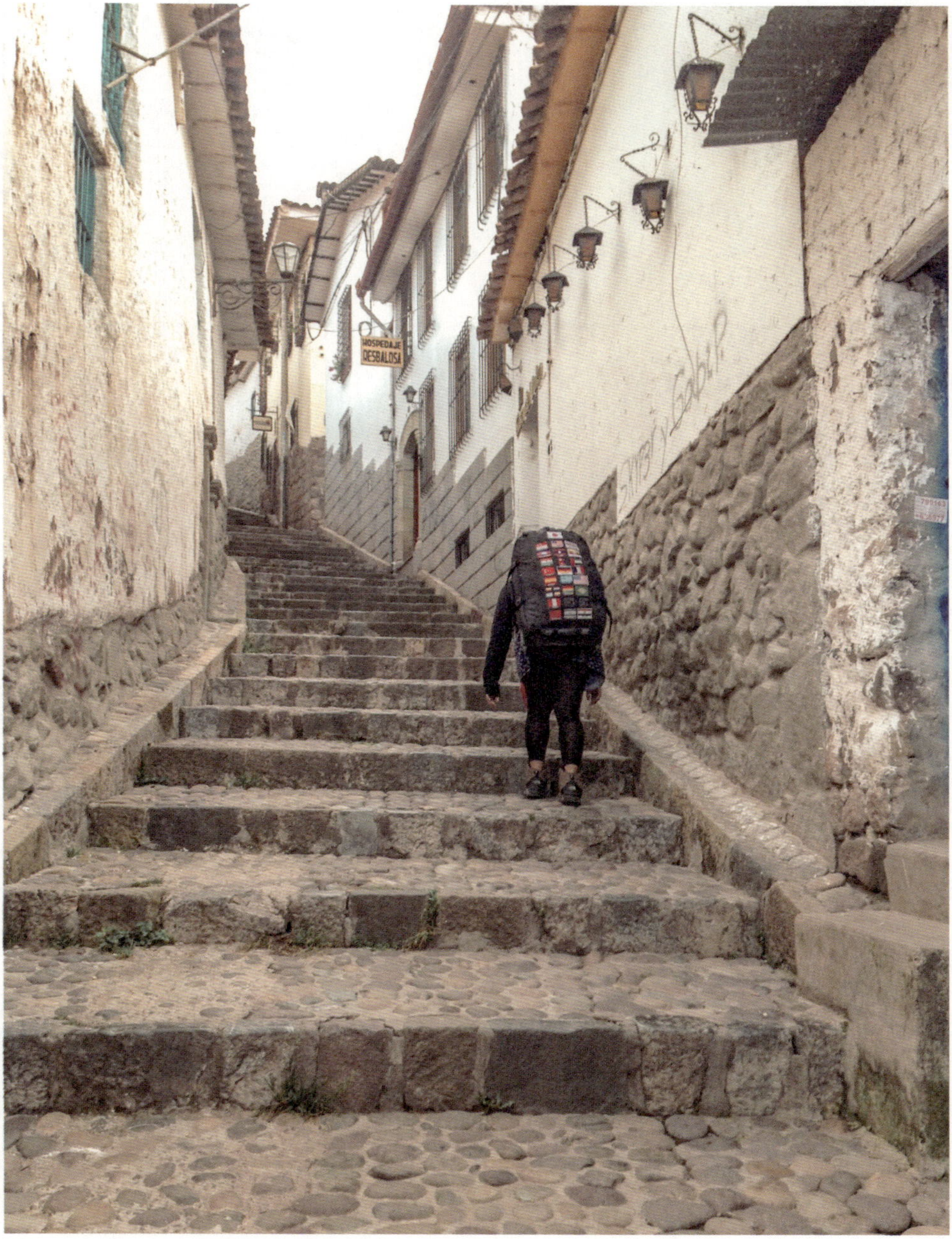

安宿ともなると水シャワーは珍しくない
HOTじゃないじゃん…
HOT
シャーーッ
暑い国では問題ないのだが極寒の地でこれに遭遇したときにはもう
心を無にしなければならない
すぅぅぅぅぅぅぅ
まずは腕から徐々に慣らし…
これくらいなら
シャワー
次に髪の毛を濡らしていく
まだだぞ水滴たち…
シャーーッ
まだ背中には落ちるなよ…
腕と頭が冷えきったら
上体を少しずつ起こしていく
髪から垂れる水滴を胴体へと誘導する
胴体と足が冷えてきたところで
ブルブル
ガチ
ガチ
勝負に出る
ガッシュ
ガッシュ
これが旅だぁーーー!!

バスルームが使いづらい！

海外でよく見るバスルーム

私が旅をしていた中で一番驚いたのは、便器の真上に固定のシャワーヘッドがあったバスルームだ。「便器を洗うためのシャワーなのか？」としばらく立ちすくんで考えた記憶がある。

あまりの狭さに着替えができないシャワーブースに遭遇したことも一度や二度ではない。

外国ではトイレとシャワーが同じ空間にあることがほとんどだ。安宿であればバスタブはなく、固定のシャワーヘッドが便器横にぽつんとついているだけのことが多い。

水シャワー対策

HOTと表示されているのにお湯が一切出ないシャワーには、旅中幾度となく遭遇してきた。これは宿側で用意したお湯（供給）に対して、宿泊者が利用するお湯（需要）が上回るときに起きる現象だ。はじめはお湯が出ていたのに、突然水に変わったりお湯の出が極端に悪くなったりと、泡だらけのときはかなり焦る。

こういった現象に遭遇しないためには、シャワーを利用する人が多いだろう時間帯を避け、早めに利用するのが一番だ。利用時のお湯は出しっ放しにせず、なるべく短時間で済ませよう。水圧は……どの宿もあまり期待しないほうが良い。

快適なバスルームの使い方

安宿のシャワールームには、洗面具や着替えを置く場所がまったくないことも多い。そのため、シャワールームにはS字フックと、通気性の良い袋やポーチを持っていくと便利だ。

また、どんなに狭くても共用のシャワールームは裸で行き来するわけにはいかない。こういうときは簡単に着替えられるワンピースタイプ、もしくはロンパースタイプの部屋着が活躍する。

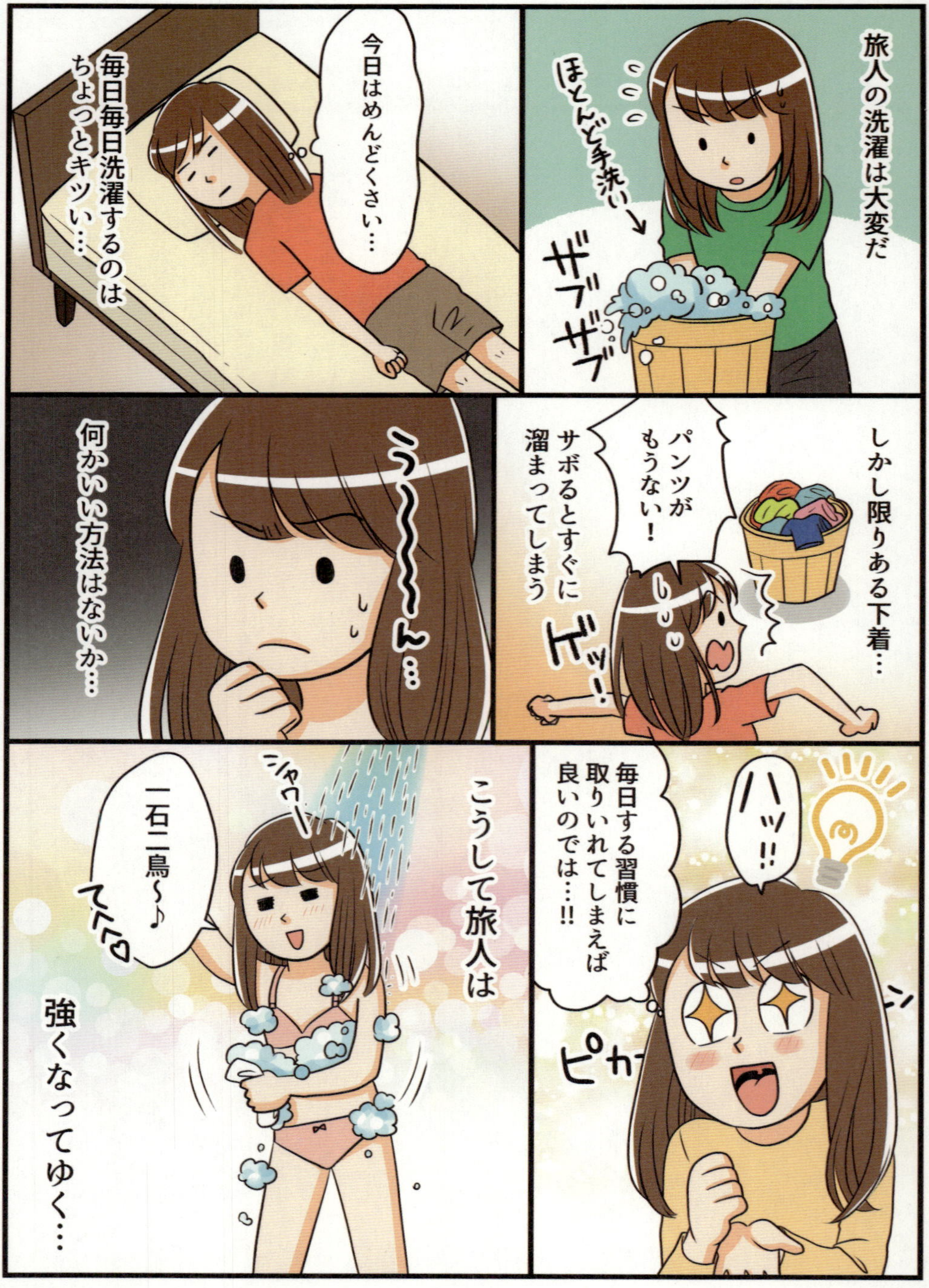
旅人の洗濯は大変だ
ほとんど手洗い
ザブザブ
今日はめんどくさい…
毎日毎日洗濯するのはちょっとキツい…
しかし限りある下着…
パンツがもうない!
サボるとすぐに溜まってしまう
ギャッ!
う〜〜〜ん…
何かいい方法はないか…
ハッ!!
毎日する習慣に取りいれてしまえば良いのでは…!!
ピカ
こうして旅人は
シャワー
一石二鳥〜♪
てへ♡
強くなってゆく…

洗濯物はどうしよう！

旅人の手洗い事情

栓ができる洗面台や、バスタブを使って洗濯することもあるが、下着などの小さめの洗濯物は、入浴のときに体と一緒に洗ってしまうことが自然と多くなる。ボディタオル代わりに、パンツや靴下で体を洗うツワモノもいた。個人的に靴下で体を洗うのはちょっと嫌だ。

私は旅をはじめた当初、トイレ横のホースでの洗濯をすすめられ、しばらくそのホースで洗濯をしていたことがあったのだが、これが〝アジア版ウォシュレット（勢い最高）〟だったと知り絶望したことがある。その洗濯法をすすめてきた旅人は、このウォシュレットで頭も洗っていたというから納得だったのだが……。

ランドリーサービスの活用

宿泊施設によっては、コインランドリーやランドリーサービスがついていることも珍しくない。安宿でも洗濯物を袋に入れて渡すと、翌日には綺麗に畳んで返してくれるサービスをしているところもある。

しかしこういったサービスを利用する場合、手洗いでは洗いづらいものや、乾きづらいもの、色の濃いものに限定して出したほうが良いだろう。私はお気に入りの薄いピンクのTシャツが、真っ青に色を変えて戻ってきたことがある。

これは水の性質が大きく関係している。同じ国でも地域差はあるが、硬水の地では洗剤が泡立ちにくく、洗剤カスも残りやすくなるのだ。専用の洗剤や軟化剤を使用してそれを阻止するのだが、汚れをしっかり落とすために洗濯水の温度を上げて洗われてしまうことがある。

こういった日本と違う洗濯事情によって、色落ちだけでなく服が痛むという結果もまねく。白い洋服や大事にしたい洋服は、丁寧に手洗いを行なったほうが良いかもしれない。

洗濯に便利なもの

セーム

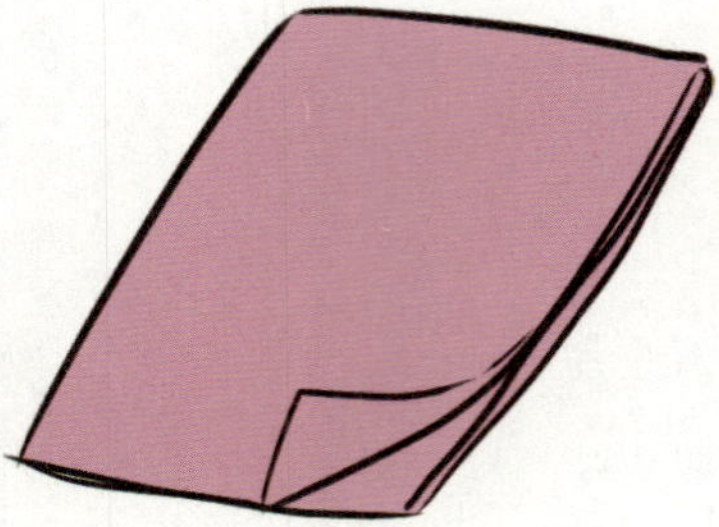

手洗いでは難しい脱水は、セームを上手に利用しよう。セームとは水泳選手が使う超吸収タオルのことだ。洗濯後の衣類をセームに挟んでしぼると、しっかり水を吸ってくれる（シャワー後、体を拭くのもこれひとつで十分だ）。

洗濯紐

洗濯紐は非常に便利だ。両端に結ぶ場所さえあれば、屋外にも屋内にも張ることができる。ハンガーで干すこともできれば、洗濯バサミでダイレクトに衣服を干すこともできる。物干しハンガーよりも洗濯物を多く干せ、幅も取らない。

濃縮液体洗剤

硬水の地で使う洗剤は、硬水の地に売っている洗剤が一番だが、日本から持っていくなら、濃縮液体洗剤が便利だ。日本の洗剤自体、硬水との相性は保証できないが、一度の洗濯で使用するのはほんの少量で済む。洗浄力は粉洗剤に劣るが、水に溶けやすくすすぎも粉洗剤より少なくて済むので楽だ。

私は旅に400gの濃縮液体洗剤を持っていったが、この量で半年持つか持たないか。香りも良く、洗い残しが気になったこともない。難点は少々重いことと、液体漏れに注意しなければいけないこと。短期旅行であれば、小さなボトルに少量うつし替えて持参するのも良いだろう。

洗濯バサミ

衣服のすべり落ち防止、下着や靴下を干すときの必須アイテム。意外と使えるので、私は20個以上持ち歩いていた。

針金ハンガー

すべり落ちやすい衣服は洗濯バサミで固定する必要があるが、針金タイプをお勧めする理由は何といっても場所を取らないことだ。変形しても問題ないので、カバンの隙間に押し込むこともできる。宿についていたり、ハンガーがなくても問題ない衣服もあるが、シワ防止のために女性なら2〜3本持っていくことをおすすめする。

折りたたみバケツ

ビニール袋に入れてワイルドにもみ洗いしている旅人もいたが、袋でもバケツでも自立するタイプのものをおすすめする。洗面台代わりになり、浸けおき、洗い、すすぎをすべて楽に行なうことができる。

宿の部屋にて
世界は虫であふれている
パチン
パチン
パチン
パチン
こいつら殺すまで絶対に寝ない!!!!
結局力尽きてダウン
バタン…ッ
そして朝
ギェェエエエ!!
かゆい〜〜〜〜!!
アフリカにて
スーパーで買ったパンを食べていると…
あれ？これレーズン入りだったか…
ハエ
ハッ!!
ぬあああああ!!!
絶対…
絶対2〜3匹食べてる!!
ポトッ
コロコロ
旅をしていると
出たな…
どもっ
虫との出会いが絶えないのだ

虫に遭遇した！

海外は虫との出会いの場

虫が極端に苦手な人にとって、低予算での旅は修行になるかもしれない。蚊やゴキブリ、ハエはおそらく一生分見るだろう。ねずみやヤモリなど、日本の街中で生活していればあまり見かけない生物も、海外ではよくお目にかかる。日本で生活していたときの20倍くらい、さまざまな虫を見かけることになるのを覚悟しておこう。

旅人の恐れる三大害虫

とはいえ、虫によって被害をこうむるのは避けたい。旅行中とくに多いのは、南京虫やダニ、蚊に刺されることによって発症するマラリア被害だ（マラリアについてはＰ１３３）。これらは〝旅人が恐れる三大害虫〟と言っても過言ではない。

南京虫はトコジラミの通称名で、日本ではほとんど見かけなくなったが、外国人観光客が訪れるホテルや旅館では被害報告は多い。そう、南京虫も旅をするのだ。

暗い隙間を好む南京虫は、旅行者の持ちものに入りこみ、旅行者とともに移動し、繁殖を繰り返す。そのため「南京虫に遭遇したら、たとえ被害に遭わなくても、持ちものすべてを高温洗浄しなさい」と旅の仲間によく言われたものだ。

宿に着いたらまずベッドを確認するのが、旅人の常識になっているが、南京虫は昼間には姿を現さない。夜暗くなると、シーツや枕の隙間からニョキニョキとその姿を現わし、人の体を這い、血を吸うのだ。

私はスペインの宿で被害に遭ってしまったが、痒さは元より全身にできた赤くてグロい発疹にものすごくショックを受けた。シーツに虫をつぶしたような赤い点々や、黒いシミ（南京虫の糞）があったら要注意。ベッドをうつるか、部屋自体を変えてもらおう。

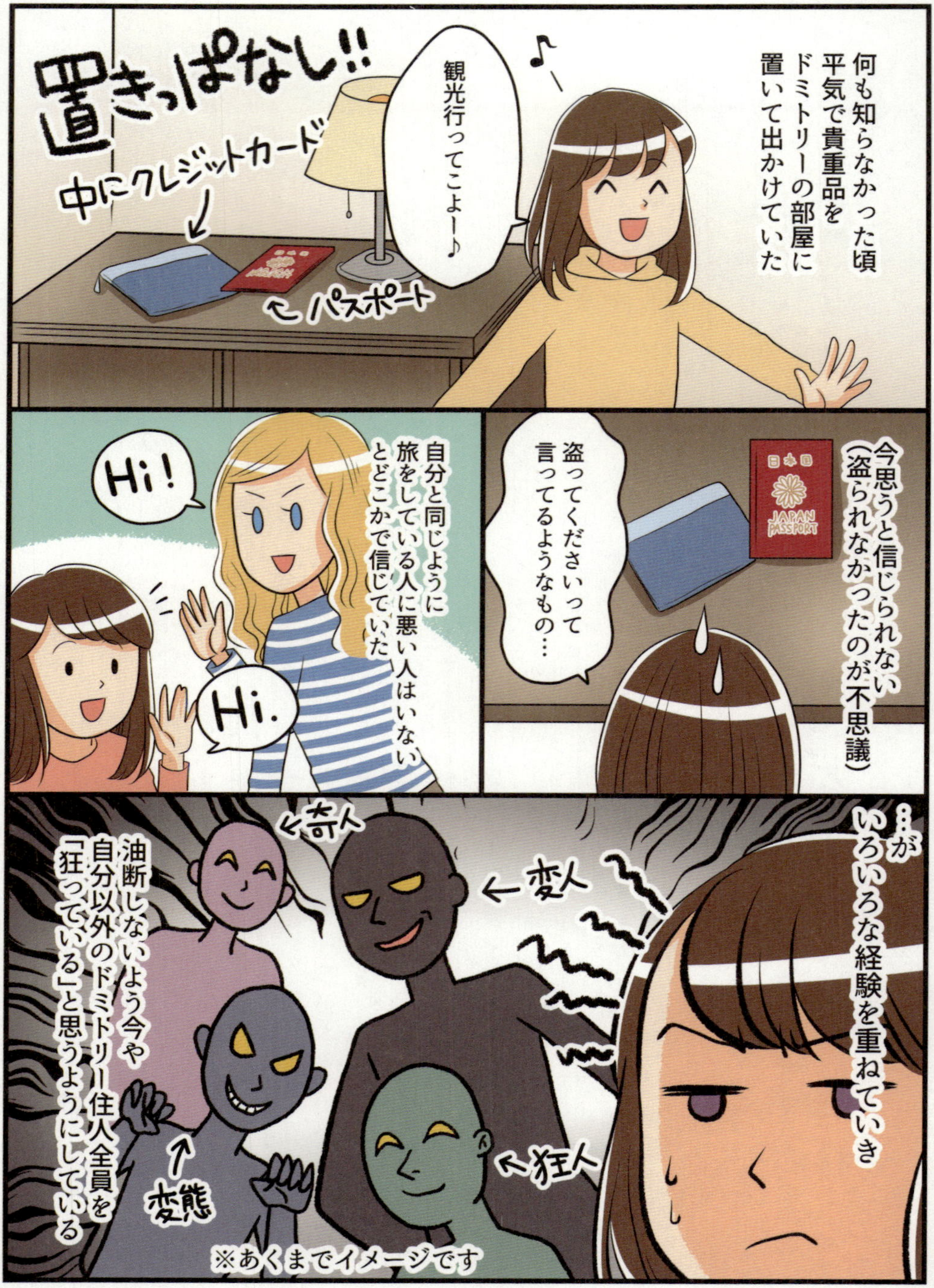
何も知らなかった頃
平気で貴重品を
ドミトリーの部屋に
置いて出かけていた
♪～
観光行ってこよー！♪
置きっぱなし!!
中にクレジットカード
パスポート
今思うと信じられない
（盗られなかったのが不思議）
盗ってくださいって
言ってるようなもの…
自分と同じように
旅をしている人に悪い人はいない
とどこかで信じていた
Hi!
Hi.
…が
いろいろな経験を重ねていき
←変人
←奇人
←狂人
変態
油断しないよう今や
自分以外のドミトリー住人全員を
「狂っている」と思うようにしている
※あくまでイメージです

荷物が心配！

宿での荷物管理法（個室）

個室だからといって安心は禁物。外部からの侵入はいくらでもできる。スタッフを装い、何かしら理由をつけて部屋に入ろうとしてきたり、スタッフに賄賂を渡して侵入する者や（誰でも出入りできる宿は注意）、疑いたくないがスタッフの犯行である可能性もゼロではない。

部屋にいてまでいちいち荷物に鍵をかけることはしなくても、外出時は置いておく荷物の施錠は確実に行なおう。施錠した荷物もワイヤーロックでベッドなどにくくりつけると完璧だ。

宿での荷物管理法（相部屋）

外出時の荷物管理は基本的に個室の場合と変わらないが、シャワーなど数十分離れる場合も、貴重品の持ち出し、またはメインバッグにしまい施錠しておくことが大切だ。

寝ているときの荷物管理は、まず貴重品はサブバックなどに入れ、枕の下や横、布団の中、できれば体にくっつく状態でベッド内に持ち込むなどして、肌身離さないのがベスト。メインバックに入れるのなら、外出時と同じように毎晩しっかり施錠しよう。

たまに見かける、鍵をかけられるセーフティボックス。見るからに頑丈なものでなければ、あまり使用はおすすめしない。南京錠くらいでは簡単に壊されてしまうからだ。実際に南京錠で施錠したセーフティボックスをボコボコに壊され、中の貴重品を盗まれて途方に暮れた旅人を何人か見てきた。鍵がついている時点で大事なものが入っているのは一目瞭然。部屋の中にあるならまだしも、部屋の外についているすぐに壊せそうなセーフティボックスの使用は控えたほうが良いだろう。

予約した宿にて
チェックイン プリーズ
名前は？
Rino
リノ？ 予約に入ってないなぁ
そんなはずない！
予約画面を見せると…
ホラ!! これ！
予約一覧
Opad
Uhー
オーバーブッキングだ
えー!!
超面倒くさそうなスタッフ
理由は僕には分からないよ
姉妹店に行ってね
ここから3分…いや5分 いや10分くらいかな？
同じ20ユーロだ
10分どころか30分以上も離れた姉妹店に着くと…
うちは30ユーロだ
えー!!
文句を言いに戻るも…
料金が一緒とは言ってない
開き直るスタッフ
宿泊費を払いロビーに居座るということでまとまった
ズーン…
あの子まだいる…
何？ ここの守り神？
ヒソ ヒソ
ボクは知らない
…が 泊まるベッドがない事実は変えられない
あったまきた!!

オーバーブッキングしていた！

オーバーブッキングはなぜ起こる？

海外のホテルはとくに、実際の部屋数よりも多めに予約を受けつけることがよくある。これはキャンセルを見越してあえて多めの予約を取り、空き部屋や空きベッドをなくし、できる限り満室で運営するためだ。つまり、見越した数よりもキャンセルが出なかった場合、あふれた予約者はオーバーブッキングとなる。こちらからすると勘弁してほしいが、これは決して違法行為ではなく、宿側の利益を守るために行なわれることとなるのだ。

オーバーブッキングになってしまったら

万が一オーバーブッキングを告げられても、同等ランク、またはそれ以上の部屋、もしくは別のホテルを用意してもらえるのが一般的だ。ランクが下がる場合は差額を返金してくれたり、別に用意された宿までの交通費を支払ってもらえたりする場合もある。

ただし、今回の私のように、ドミトリーを扱う格安宿の場合は難しいだろう。また、宿側の規定や個人の交渉力によっても、対応は変わる可能性が高い。しかし、宿側の単なるミスによるオーバーブッキングの可能性が否めない場合は、冷静にしかるべき処置を望む態度を。

オーバーブッキングを避けるために

とにかく早めのチェックインをすること。チェックインが遅くなるときは連絡を入れておくことが大事だ。オフシーズンであれば急ぐ必要はないかもしれないが、シーズン真っ只中でチェックインが遅くなってしまうと、予約完了メールが届いていても、当日に「泊まれない」と言われてしまうこともある。ベストシーズンや人気宿では十分な注意が必要なのだ。

長い旅の最後はお隣韓国だった
ついに帰国かぁ…
プチ整形でもして帰るか…
駅内のコインロッカーにメインバッグを預け
ジ～～ン
うんめぇ
サムギョプサルを食す
ジュー
ジュー
が、
どこか宿でも探そうとバッグを取りに戻ると
ガシャ
ガシャ
駅はなんと閉まっていた…
途方にくれ、街を歩いていると…
あ、ダンボール…
ヒュオォオー
さっ、さむい…
さすがに
ダメ！
それはダメ!!
しばらく歩いた先に見えた
黄色い「M」
ちーん
旅の最後はオプションでポテトとシェイクもつけられる
「マクドナルドホテル」で一夜を過ごした

野宿をすることになってしまった！

野宿はしない

「バスに置いていかれた！」「来るはずの迎えが来なかった！」など、自分の意思とは関係なく、野宿をしなければいけない状況になることも、長期旅行ではあるかもしれない。しかし、野宿は女性にとってリスクが高すぎる。空港やバスターミナルで夜を明かすことはあっても、どこかもわからない場所、とくに屋外で夜を明かすのは非常に危険だ。

万が一野宿をする状況に追いこまれても、その前にできる限りの回避方法を試みてほしい。入れる宿があれば、高くてもケチらずに一泊する、宿が満室でもロビーに居させてもらえないか交渉する、24時間営業しているお店を探す……など、とにかく室内を探し、それがダメでもお店の敷地内に居させてもらえないか、あきらめずに交渉してほしい。

もし野宿を避けられなかったら

どうがんばっても野宿を避けられなかったら、できるだけ安全に明るくなるのを待ちたい。

まずは人が多い場所を探そう。人が多い場所は秩序が保たれる。人気がない場所しかないときは、できる限り人に見つからなさそうな場所、もしも人が来ても逃げられる場所を探そう。落書きが多い場所や、タバコ、ゴミが捨てられている場所は避けたい。

貴重品はカバンなど、外から確認できるものの中には入れず、下着の中など、一見分からない場所に隠す。可能ならフードを深くかぶり、パッと見女性だということもわからないようにするのがベストだ。

そして寝るのは我慢だ。誰かが一緒にいるのならまだしも、人気のない場所で女性が一人、さらには寝ているとなると、運が悪ければどうなってしまうか……想像するだけでゾッとする。

わたしの一人旅コラム

私流〝省エネ旅メイク〟

私は旅中、ほぼ毎日メイクをしていた。自分のスッピン顔が好きじゃないのと、いつどこでどんな出会いがあるかわからないから。笑

でもやっぱり毎日メイクするのは面倒くさい！「今日は移動日で飛行機やバスに乗るだけ」とか「特別な観光じゃないけど、この辺散策してこようかな」とか、あまり気合いを入れる必要のないときはとくにそう。そんなときにしていた私の自己流省エネ旅メイク。完成まで約３分。

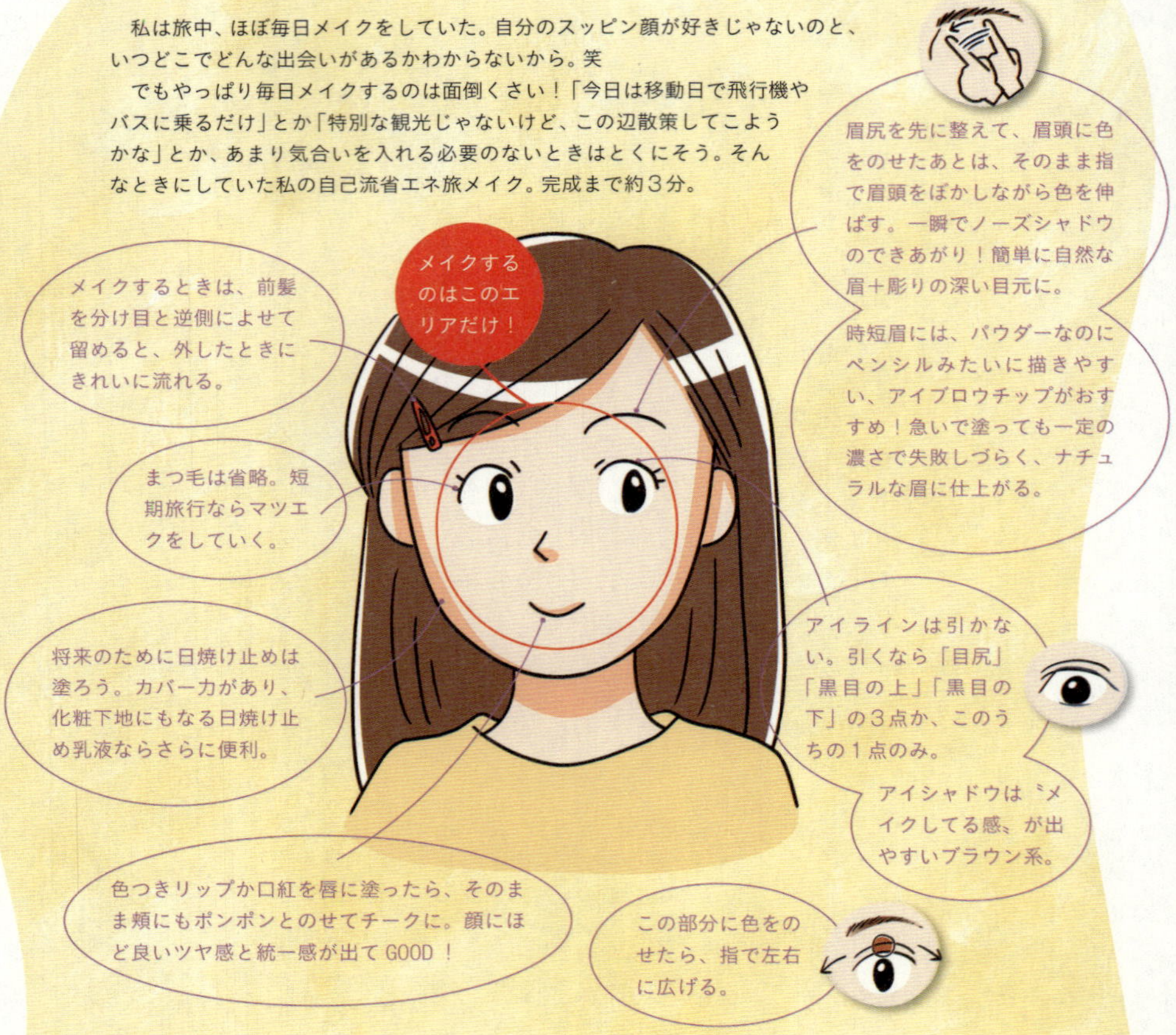

眉尻を先に整えて、眉頭に色をのせたあとは、そのまま指で眉頭をぼかしながら色を伸ばす。一瞬でノーズシャドウのできあがり！簡単に自然な眉＋彫りの深い目元に。

時短眉には、パウダーなのにペンシルみたいに描きやすい、アイブロウチップがおすすめ！急いで塗っても一定の濃さで失敗しづらく、ナチュラルな眉に仕上がる。

メイクするのはこのエリアだけ！

メイクするときは、前髪を分け目と逆側によせて留めると、外したときにきれいに流れる。

まつ毛は省略。短期旅行ならマツエクをしていく。

将来のために日焼け止めは塗ろう。カバー力があり、化粧下地にもなる日焼け止め乳液ならさらに便利。

アイラインは引かない。引くなら「目尻」「黒目の上」「黒目の下」の３点か、このうちの１点のみ。

アイシャドウは〝メイクしてる感〟が出やすいブラウン系。

色つきリップか口紅を唇に塗ったら、そのまま頬にもポンポンとのせてチークに。顔にほど良いツヤ感と統一感が出てGOOD！

この部分に色をのせたら、指で左右に広げる。


おおざっぱにメイクをしても、色の境目を指でぼかせばきれいになじむので問題なし！

●●●●●●●●●●

使い慣れたものや成分が自分に合う化粧品が一番だが、時短のコツはとにかく化粧品を顔に塗る回数や、使うアイテムを減らすこと。そのため、オールインワンやチークとリップが一体化したもの、アイブロウにもアイシャドウにもなる、ひとつで二役を担うアイテムはとても便利。

そして大事なのは、単純に手を動かすスピード。かなりおおざっぱにメイクをしても、はみ出たりムラができてしまったりした部分は、色の境目を指でぼかせばきれいになじむ。

丁寧じゃなくても、とりあえず「肌」「眉」「目」「頬 or 唇のどちらかもしくは両方」に色をのせて血色感を出せば、省エネ旅メイクは完璧！

第4章 観光トラブル

世界一周最初のミッションは…
ATM!!!
BANK
○○BANK ATM
日本で両替してこなかったのは
ここで海外のATMに慣れておきたかったからである
キラーン
Credit Card
シンガポールの空港にて
ATMにはしっかりVISAマークがあった
VISA・JCB・Master
MasterCard VISA
VISA・JCB
左のATMから攻めるか…
BANK
○○BANK ATM
ATM
えーっと…
日本で印刷してきた操作手順の紙を片手に進めていく
ATMの手順 海外の…
…はずが
Yes
No
?

操作手順にない画面に戸惑い
えっ何コレ…
とりあえず怖いから
NO…
Yes
No
ポチッ
変なボタンを押す
強制終了
ピピー
ザッ
ピピーッ
カードが出てくる
……。
うしろ長蛇の列
ならび直す
トボトボ…
ATM
ズラ〜
ならび直す
トボトボ…
ATM
ハッ!!
再チャレンジ
Yesにしたのに…
ピピー
ザッ
ピピー
再再チャレンジ
ピピー
ザッ
ピピー
強制終了
不審者も驚く不審な行動を
ヒィッ!!
ピピー
ザッ
10回ほど繰り返し
ピピー!!
ザッ
何でよ…
私がシンガポールドルを手にしたのは
ヘタッ
SGD
まっまぶしい…!!
第一操作から2時間後であった

ATMでお金が下ろせない！

現地両替所とATM

前にいた国の余った通貨や、ドル・ユーロを現地通貨に両替したいときは、両替所や銀行で行なうのが定番だ。新しくその国の通貨を手にする場合は、国際キャッシュカード、またはクレジットカードを使い、ATMで引き出しまたはキャッシングする。カードの種類やATMによって手数料が違うが、両替のときに引かれる手数料に比べると、ATMを使ったほうがお得だ。

両替所を利用するときは、空港や街中のできる限りレートの良い場所を探して両替するのがベストだが、注意すべき点もある。実は空港の両替所は、レートの悪いことがほとんどなのだ。到着してすぐチップ用など、どうしても現地通貨を手に入れたいのであれば、少額だけ両替し残りは街の両替所や銀行で行なおう。ただし街中の両替所では、紙幣の枚数をごまかされる被害が多発している。受けとったらその場で確認するのを忘れないように。

必要金額の算出方法

キャッシュレス化が進む国での買い物は、なるべくクレジットカードを利用し、持つ現金は少ないほうが良いだろう。手数料は両替やキャッシングにかかる手数料に比べ、少ない。また、現金が盗難されてしまったら基本的に保険は適用されないが、クレジットカードの盗難や不正利用は、すぐさま利用停止ができる。最悪の場合でも、被害に遭ったお金は保険で戻ってくる可能性が高いのだ（P149参照）。

クレジットカードが利用できない場所が多い国では、その国に滞在する必要最低予算を決めて現金化する。ただし、手数料を考えるとATMの利用は最小限にしたい。

滞在費用の算出は、（物価による一日の食費目安＋宿泊費）×滞在日数＋α（移動費や娯楽費、観光したい場所の入場料など大まかな目安）でおおよそ可能だ。

物価の安い国はとくに、大きな紙幣を嫌がる傾向にある。数泊分の宿泊費や、数千円〜数万円分の長距離移動費を、現金で支払わなければいけないとわかっているとき以外は、できる限り細かい紙幣が便利だ。

バスに数十円で乗れたり、水が数円で買えたりする国で、万単位の紙幣を出されたら「おつりがない」と言われるのがオチ。公共機関を使う機会が多い場合や、少額の買いもの、チップ文化のある国では、細かいお金が必要になる場面が多いことを覚えておこう。

世界では高額紙幣を廃止する動きが広まっている。旅行者も現金を両替するときは、少額の紙幣を中心に行なうと良いだろう。たとえばアメリカへ行くのなら、20ドル札以下の紙幣のみで現金を振り分けると、1ドル札や5ドル札を増やすための無駄な買いものも減るはずだ。

最低限覚えておきたいATM単語

PIN	暗証番号
WITHDRAWAL	引き出す
TRANSFER	振込み
BALANCE	残高照会
CREDIT	クレジットカード
SAVINGS	預金
CHECKING	当座預金

旅人の中で「アルゼンチンのステーキは安くてうまい！」と評判の中現地の人たちはみんな「ウルグアイのステーキが一番うまい！」と口をそろえて言うという話を現地に住む日本人に聞いた
ステーキはお隣、ウルグアイよ！
そうなの！？
後日
ここならありそう…
Restaurant
OPEN
ウルグアイのレストランで注文しようとするも…
……
Menu
オールスペイン語でまったく意味がわからなかった
スペイン語アプリを使ってなんとか注文した
牛
肉
Vaca!!（牛）
Carne!!（肉）
出てきたお肉は…
3000円さようなら…
奮発したのに…
牛のホルモンだった

レストランや屋台で注文できない！

日本語メニューに注意

ご親切に日本語で書かれたメニューを出してくれるレストランがごくたまにある。日本人観光客が多い場所では何の不思議もないのだが、そうでない場合は日本語版メニューの〝料金〟に注目。メニューがまったく一緒でも、日本人向けに料金を高く設定している可能性があるのだ。値段が書いていない場合はとくに注意しよう。

観光入場料でも、〝外国人〟または〝日本人〟というくくりで別料金を設けているところもよく目にする。国や政府で定められた料金は払うしかないが、個人運営しているお店やレストランの、法外な料金設定は事前に発見したい。

上手な注文の仕方

極端な話、食べたいものを指すだけで注文はできる。どんな料理かわからなければ「What is this?」と聞けば説明もしてくれる。英語なら内容がほとんどわからなくても、「ポーク」や「チキン」など、聞きなじみのある単語が拾えるかもしれない。

また、お金の支払い方法に困る人も多いだろう。屋台やファストフード店など、その場で商品を受けとる場合は、お金もその場で支払うが、レストランではテーブル会計が多い。例外もあるが、チップ習慣のある国はテーブル会計と思って良いだろう。

現在では、カメラをかざすだけで翻訳してくれるGoogle翻訳など便利なアプリも増えたが、何が出てくるかわからないドキドキ感もまた良い。食べたかったものと違ったり、普段なら絶対に選ばないような料理が出てきたりすることもあるだろうが、それさえ楽しめれば海外での食事は成功だ。

海外のカフェに行くと
Your name?
名前を聞かれることが多々ある
カップに名前を書いてくれて
Rino！
やったー
OK
サラサラ〜
できあがると名前で呼んでくれる
数分後
……
Dino
Dino!!
ディノ!!
「Rino」と伝わったことがほとんどない…
（だいたいDino）
ディ、ディノて…
かっこいいな…

海外のカフェでのんびりしたい！

名前を聞かれるコーヒーショップ？

日本ではあまりなじみがないが、海外のカフェに行くと、注文のあとに名前を聞かれることがある。名前を呼んでコーヒーのできあがりを知らせてくれるのだ。しかし、日本人の名前は伝わりにくいものが多く、私もこれまで99％「Dino」と呼ばれた（私の発音の問題だろうが……）。「エミリー」や「エマ」など、わかりやすい名前を用意していく人もいるくらいなので、好きなカフェネームを決めておくのも楽しいだろう。

注文の仕方

カフェによっては、エスプレッソの数やミルクの種類など、いくらでもカスタマイズできるが、ここでは基本的な注文の仕方を紹介したい。

注文のときに決めておきたいのは、数、サイズ・温度・商品名の４つだけだ（例：Can I get a tall iced coffee?）。サイズを言い忘れると聞いてくれることがほとんどだが、有無を言わさず、一番大きなサイズにされることもあるので注意しよう。カスタマイズしたい場合でもこの情報は必要になるので、覚えておいて損はない。

最後に、店内利用か持ち帰りか「For here Please / To go Please」と場所を言えると完璧だ。

ローカルカフェを探してみよう

日本にも馴染みのある世界規模のカフェは安心感があるが、せっかくなら現地のディープなカフェも探してみてほしい。自分の足で探すのも良いが、「地名（例：Barcelona）＋cafe」など、英語でネット検索をしてみると、日本人にはあまり知られていないようなお店もヒットすることがある。カフェだけでなく、レストランやその土地の伝統料理名も、地名と一緒に英語で検索するとディープなお店が見つかることも。

※ https://www.google.com/?hl=en（英語サイトを優先する場合はこちらのURLから検索するのが便利）

人生二度目の海外旅行は
ニューヨークだった
自由の女神ぃぃぃー!!
タクシーに乗ったとき
潔いほどのカタカナ英語が
まるで通じなかった
ペンシルバニア
ホテル!!
ハア???
イライラする
ドライバーが怖くて
20ドルの距離に50ドル払った
残りは
チップね
50ドル
え!!
本当かい!?
この話を友人に話すと…
アホー！
何でそんなに
払ってるの!!
だ、だって
チップって
気持ちでしょ…？
その後
路上ライブでも50ドルの
チップを入れた私は
わー
あ
細かいの
ナイ…
ROCK
帰国後さすがに後悔した
金銭感覚…

チップがわからない！

チップが必要な国

アメリカやカナダ、メキシコをはじめとする中南米などいくつか挙げられるが、国や場所によってその習慣が廃れつつあったり、重要度がそれほど高くなかったりする場合がある。

逆にチップ文化が根強い国ではなくても、素晴らしいサービスを受けたときには支払っても良いだろう。どちらにしても、渡航前にガイドブックなどで確認しておくのがベター。

チップが必要なパターンと不要なパターン

レストランで飲食したとき、ホテルで荷物を運んでもらったときやルームクリーニング、送迎やタクシーを利用したときなど、サービスを受けたら渡す。もちろんこれ以外でも、お世話になったお礼に渡しても良いし、期待以上のサービスを受けたときには、目安と言われる金額に上乗せして渡しても良い。

ファストフード店やレジで注文・商品を受けとるカフェ、スーパーマーケットなどの物販店、安宿、公共交通機関、請求料金にチップが含まれている場合は、チップ国でも支払いは不要だ。

サービスがひどく、どうしてもチップを渡したくないときは、チップの目安となる金額から減額して渡す人が多い。チップ文化が根強い国では、チップは〝気持ち〟というよりは〝マナー〟に近い。労働賃金の一部になっていることもあるため、まったく支払いをしないのはトラブルに発展する可能性がある。

「この程度のサービスにチップを払う必要があるのか？」と思ってしまうこともあるかもしれないが、素晴らしいサービスでなくてもセルフサービスでない限り、メニューを持ってきてもらうことや、食事を運んできてもらうことは立派なサービスだ。郷に入れば郷に従え。「日本人は失礼な民族」と言われないようにしたい。

せっかく旅行に行くのだから
毎回同じ服で写真に
写りたくない…というのが
私の考え方
これも持ってこー
これも着る!!
過去には
10日間の真冬のニューヨークに
コートを4着も持っていった
さむっ
世界一周旅行にも
たくさんの服を持っていったが
そろそろ飽きてきた
……
しかしお金もない
荷物も増やせない
こんなとき
一番手っ取り早く欲を満たせるのは
ぐっ
ひたすら
試着!!
ごっそり…
ヨーロッパの
可愛い女の子を見て
湧きあがる欲を
こうして抑えていた

旅先でもおしゃれを我慢したくない！

絶対に守るべきＴＰＯ

まずはじめに、どんなにおしゃれをしたくても教会や寺院、イスラム圏などでは肌の露出は控えるべきだということは覚えておいてほしい。ミニスカートやショートパンツなどの足を出す服装、また露出が少なくても胸元の大きく開いたTシャツ、ピッタリしたパンツやレギンスなど、体のラインがわかる服装も避けるのが無難だ。どこに行っても、ＴＰ0を守ることは忘れてはいけない。

服選びのポイント

私が旅行に持っていく服選びのポイントは、①軽い②着回し力に優れている③おしゃれ、の3つ。まず洋服の素材選びはとても大事だ。デニムパンツは何にでも合わせやすいが、洗濯後の乾きづらさや素材の重さを考えると、頻繁に履くのでないなら持っていくのはあまりおすすめしない。ただしショートパンツは結構使える。

ベースになる洋服は、無地のベーシックカラーが良いだろう。派手なものは同じアイテムとの組み合わせしか成立しない可能性があるので、あまり着回し向きではない。たまに着たいド派手な柄物は、現地で安く売っているもので十分おしゃれを楽しめる。

日々のファッションの変化は小物や髪型で味つけし、全体を同系色や3色以内にまとめると非常におしゃれに見えるはずだ。

余裕があるなら、ロングスカートやスウェット、お気に入りの服や個性的な洋服をプラスしても良いだろう。ベースがベーシックカラーなので、派手な服や柄物でも合わせやすくなるはずだ。

ピアスや帽子などの小物は、物価の安い国なら数百円で売っている。日本から持っていくよりも現地で購入したほうが、種類も豊富で安く済む。そして、たまには現地の民族衣装や、現地で流行っているおしゃれを楽しむのも、旅先でのおしゃれの醍醐味だ。

素材は冒頭で話した通り、薄くて軽いものや、シワになりづらいもの、もしくはシワになっても目立たないものを。また、トップスのほうが軽く小さくでき、ボトムスが同じでもトップスが変われば、同じ服を着ているという印象はあまりない。そのため、枚数はボトムスよりもトップスを多めに持っていくのをおすすめする。

訪れる国や時期によるが、寒いときにはなるべく重ね着し、分厚いセーターを持っていくのは控えたほうが荷物もかさばらない。どうしても持っていくのなら、薄くて暖かいものを。とくに暑い国を中心にまわるのなら、防寒具は寒い地域に行ってから購入しても遅くない。ただ、ユニクロのウルトラライトダウンのような小さく畳めるダウンは、カバンに入れておくと冷房対策にもなり、大変便利だ。

基本的には現地の雰囲気に合わせて服装を選ぶ。あまり小綺麗にして犯罪のターゲットにされるのは望ましくないが、旅行中も賢く可能な限りおしゃれを楽しみたいのが乙女心だ。守るべきTPOは大切にしてほしいが、一番のおしゃれは、好きな場所で好きな服を着て、あなたが自然と笑顔でいることだ。

次ページで、例として私が「これさえあれば着回しに困らない！」と思うアイテムを紹介したい。設定は〝一年間、世界一周の女子旅〟だ。これらをすべて持っていく必要はないが、旅コーデの例も合わせて参考にしてほしい。

世界一周女子旅の着回し旅コーデアイテム

世界一周女子旅の着回し旅コーデ

1+4の下+6+A+F+I
3+8+B+E+F
4+B+E+G+H+I
2+9+B+D+F+I
3+7+F+H
1+4の下+B+E+G+H+I
7+10+B+D+G
4の上+8+A+C+F+H
5+9+F+H+I
1+6+8+B+F

パタゴニアの煙を吐く山
フィッツロイは
朝、日の出とともに
太陽に照らされ
"黄金に光る"と言われていた
シーズン的にはほぼアウトな時期にこの場所へ到着したが
(雪の降る極寒)
寒い
寒い
サムイッ!!
ブルブル
意を決して
この山を見にいくことにした
すっごく遠い
これを見ずに南米旅行は終われない!
道とは呼べない道を
片道7時間のトレッキング
途中で拾った木の棒
おいしい…
命のチョコレート
何これ橋!?
30cm

もう一踏ん張りのところで
壮大な山が立ちはだかった
コレ登るの…
しかも
全部凍っていた…
ビッターン!!
台風並みの強風の中
コレ本当にヤバいやつだ…
気を失いそうな寒さに耐え、登った
ブォォォォーッ!!
這いつくばりながら死ぬ思いで登りきった先には
聞いていた湖があった
フラ
フラ
黄金の山は…
真っ白だった
（悪天候すぎて太陽出ず）
ブォォォォォ

最高の景色を見たい！

観光時期の重要性

乾季や雨季、ベストシーズンやオフシーズンによって見られる景色が180度変わってしまうのは、旅ではつきもの。鏡張りのウユニ塩湖を見たい人が、乾季のボリビアに向かっても目的は果たせない。一年で一番暑い時期のインドに行って、一日中観光で外を歩き回るのは結構ツライ。シーズンを終えたギリシャの島々は、フェリーやホテル、お店がクローズしてしまう。

オフシーズンの航空券や宿は安くてお買い得だが、なぜ安いのか理由を考えて購入しなければ、何のために来たのかわからなくなってしまう。自分の目的に合わせたベストシーズンの選択は、旅では常に重要なのだ。

逆光に注意

時期も重要だが、時間帯も大切だ。逆光でこそ美しい景色もあるが、順光で目的の景色を見たい・写真を残したい、というときはベストな時間帯を調べて行くことをおすすめする。

私はいつも目的の景色や建物の正面がどの方向を向いているのかを、Google Maps のストリートビュー機能を使って事前に調べてから行く。太陽は東から昇り西に沈むので、東を向いている建造物であれば午後は逆光になるだろう、というざっくりした予想ができる。季節によって誤差は出るが、今は指定した日付・場所で、太陽がどの位置を通るのか、日の出や日没時間なども調べることができるアプリも存在する。撮影場所や構図決めに活用できるので、カメラ好きには非常に便利なアイテムだ。

絶景場所の事故に注意

「もっと見たい」という探求心が、事故につながる可能性があることを忘れてはいけない。これまで私が見てきた絶景は、どれも素晴らしいものだったが、同時に柵などのフェンスが一切なく、落ちたら自己責任だと言わんばかりの危険な場所も数多くあった。写真に夢中になるあまり、足を滑らし200m下の谷底に転落……なんてことも。

もちろん立ち入り禁止区域に入るのは論外だ。一生に一度かもしれない絶景に心動かされても、危険な行動はしないでほしい。自然を甘くみてはいけない。実際にそういった場所で落ちて亡くなる旅行者は、あまり耳にしないが非常に多いのだ。

私がヨルダンに行ったとき、お世話になった宿で聞いた話がある。「ここのドミトリーに泊まっていたドイツ人の女の子が、何日経っても帰ってこず行方不明になった。荷物は置きっぱなしだし、宿をチェックアウトしたわけでもない。警察の捜査でも見つからなかったが、数日後、結局その子はペトラ遺跡で遺体になって発見された。これは、事件ではなく事故死と判断された。」

実はペトラ遺跡は、あの有名な遺跡だけがドーンとあるわけではなく、数時間かけてトレッキングできるほど広大な敷地が広がっている。壮大な景色を眺めながら岩場を登っていくのだが、つるつるとした足場が多く、一歩踏み間違えれば崖下に転落してしまうような場所が非常に多い。

また、最近ではInstagramやYouTubeなど、SNSでいかにインパクトのある写真や動画を載せるか必死になるあまり、危険な行動する人が非常に増えてきた。実際に死亡事故にまで発展している例は、世界中でかなりの件数発生している。

絶景と呼ばれる場所ほど整備されておらず危険な場所が多い。だからこそ絶景と言えるのかもしれないが、一瞬の不注意で最悪の事態につながる可能性が高い場所でもあることを、心の片隅においておこう。

ルーブル美術館の最寄駅で下車し
Musée du Louvre
ルーブル美術館を探していた
当時、ルーブル美術館の入り口が小さなピラミッド模型だとは知らずに
入口
ここから地下につづくエスカレーターで下りる
キョロキョロ
どこー
目の前まで行きながら2時間以上迷いに迷った
途中、中国人観光客を見つけ
ガヤ
ガヤ
こいつら絶対ルーブルに行く…!!
ちゃっかりついて行くも…
Ramenラーメン
ゾロゾロ
お昼かよ！
ズコーッ
数時間後…
ようやく入り口に気づき
え！あれ入口!?
チケットを買いに急いだが…
ゼィ
ゼィ
ゼィ
チケット一枚…
OK！
でも…
18時までだけどいいかい？
17時40分
世界的美術館でダッシュしたのは言うまでもない
シューッ!!
モナリザー!!!!!

目的地にたどり着かない！

帰れなくならないために

私は、帰りたい場所の住所とクレジットカードさえあれば、どうにでもなると思っている。Wi-Fiや地図アプリがあれば、迷っても最終的に目的地にたどり着けるが、電子機器は充電切れや盗難のリスクもある。そのため、拠点にしている場所の住所、最寄駅名くらいは現地語か英語で紙に控えておくのが良い。

仮に右も左も分からない場所でも、住所さえわかればタクシーに飛び乗って帰ることができるし、クレジットカードがあればお金をおろしたり、ものを買ったり、最悪その地の宿に泊まることも可能だ。このふたつのお守りのおかげで私は世界中で迷子になることができた。

ただし、人気のない治安の悪そうな場所や、夜暗くなってしまった場合には、あまり動き回らないこと。人通りのある場所まで引き返してから策を考えよう。

旅は世界で迷子になること？

はじめて訪れた場所に不安を覚えるのは当然だが、新しい街に着いたらまず、歩くことをおすすめしたい。地図は見なくて大丈夫。右に曲がりたければ曲がれば良いし、疲れたら引き返せば良い。

治安の悪いエリアは最低限把握しておくべきだが、それを恐れて探検しないのはもったいない。あの道を曲がらなければ一生知らなかったであろう街並みや、人々の生活を垣間見られる瞬間に、きっと〝旅〟を感じずにはいられないはずだ。

私は見慣れない景色が見慣れた景色に変わり、旅が日常に変化していくのが大好きだ。街を出るときの、あの何とも言えない切なさも好きだ。自分の身は自分で守る。これは旅の鉄則だが、それさえ守れば、あとは世界中で迷子になってきてほしい。

アジアのトイレには本当に鍛えられた
粗末なゴミ箱
ただの穴
……。
カンボジアの奥地にて
使用済みのティッシュは備えつけのゴミ箱に捨てることになっているが…（流してはいけない）
ん？
血のついた生理用品が
ゴっ…
むき出しで捨てられていた
ヒィッ!!
ポイッ
もうやだ！日本では考えられない！
その瞬間…
ザワッ
見たこともない数の虫が湧き出し生理用品を一瞬で黒く染めた
ギャアアアー
パンツをはかずに0.5秒でトイレを出た
ピュッ
What?
ロングスカートで良かった!!

海外のトイレが心配！

海外でよく見るトイレ

海外のトイレの印象はとりあえず全部汚い。私が長く離れた日本に帰国して、一番感動したのは〝トイレ〟だ。「この個室なら住める」と本気で思ったくらいだ。

海外でよく見たのは有料のトイレ。トイレの前にお金を回収する人がいて、少額支払ったあとに入ることができる。

アジアでよく遭遇したのは、桶で流すタイプのトイレだ。トイレの横に水が張ったバケツがあり、そこに浮いている桶で水を汲んで流す方式だ。

ヨーロッパや南米で多く見かけたのは、便座がないトイレ。これに遭遇したときは空気椅子か、上にしゃがんで用を足すかの２パターンに分かれるようだ。私は空気椅子派だ。後者は足を滑らして便器に落ちる人もいるというから、チャレンジしようとも思わない。

一番印象的だったのは、青空トイレだ。南米を大移動していたとき、トイレ休憩だと言われて止まった場所が、壁も天井もない壮大な岩場だった。もちろん最初は躊躇したが、いざ経験してみるとあまりの解放感に病みつきになってしまうほどだった。

海外のトイレを使用するときの注意点

トイレットペーパーが設置されていないトイレは多い。ティッシュは常に持ち歩こう。しかし、ティッシュを流せる国はまだまだ少ない。トイレ横にゴミ箱があるときは、流さないのがベター。

また、海外ではすぐにトイレが見つかるとは限らない。ようやく見つけたトイレが有料だった場合、大きい紙幣しか持っていないと非常に困る。小銭の用意と、尿意がなくてもトイレのある場所では小まめに利用することが旅では大切だ。

海外では
宿やカフェ・レストラン…etc
大概Wi-Fiが繋がる（フリー）
Coffee
ホットチョコレートプリーズ
OK
Wi-Fi 0123xxxxx
パスワードの書いた紙が
レジ横に置いてあったり
貼られていることが多い
（レシートに記載されていることもある）
それでもWi-Fiがない場所は
まだまだ存在する
バスやローカルな食堂
小さな空港などではよくある
Do you have a Wi-Fi?
No, Sorry.
え!!
ネットに依存している
現代旅人
宿
チケット
移動
SNS
3日以上Wi-Fiが
繋がらない環境が続くと
浦島太郎状態になる
今、世の中どうなってんの…
久々に繋がったときの
”感動“は
絶景を見たときの
”感動“に匹敵する
現代に帰れるマーク

Wi-Fiがない！

海外はＷｉ－Ｆｉ天国？

外国ではよっぽどローカルな食堂や屋台でなければ、大概の場所でＷｉ－Ｆｉが使える。宿やカフェにない場合でも、「サイバーカフェ」はその街にひとつは発見できるはずだ。しかし例外はあり、キューバは国自体Ｗｉ－Ｆｉを利用するのに手間がかかるし、現地の人のお宅に滞在する場合や、バスや列車なども期待できない。Ｗｉ－Ｆｉ環境がある場所でも、接続が不安定で使えないも同然、ということも……。

３日も繋がらない、ということはほとんどないが、それでもこういった条件が重なってしまったときは、久々に不純物のない世界が見れるチャンスでもある。たまには浦島太郎になるのも良い。

ＳＩＭカードの活用法

ＳＩＭフリー端末があれば、海外でも日本と同じようにスマートフォンを使える。ＳＩＭカードさえ挿し替えれば、どこの国のどの会社でも使うことができるのだ。ＳＩＭカードは現地の空港や街中で一枚買いさえすれば、Ｗｉ－Ｆｉを探す必要はない。ほとんどがプリペイド式なので、使用後に高額請求される心配もない。長期旅行に限らず、数日程度の旅行でもとても便利だ。

ただし、プリペイドＳＩＭには容量と期限が定められている。宿やカフェのＷｉ－Ｆｉのみで不自由ない人など、使用頻度の低い人は使い切れない可能性があるので、無理に購入する必要はないだろう。

ちなみに最近では、ＳＩＭカードの挿し替え不要で、ＳＩＭデータをインターネット上からダウンロードすれば、世界１００カ国以上でデータ通信が行えるスマートフォンも発売された。海外によく行く人には非常に便利なアイテムだ。

インドの市営バスにて
ジーッ
バリバリのヒンディー語で話しかけてくるインド人
ペラ
△○□×△□…
×○＊○皿△×…
ペラ
ペラ
□○×＊×○△□…
このアジア顔がヒンディー語を理解できるとでも…!?
…
ソーリー。アイ　ドント　ノー
それでもも止めないインド人(30分経過)
△○□×△□…
×○＊○×皿×△…
ペラ
ペラ
○×＊△□○×…
ペラ
ブル
ブル
しびれを切らし…
この旅でまさか使うときがくるなんて…
イングリッシュプリーズ!!
シュン…
あっ…
しかし目的地につくと
Hey!
×○□○×△…
また何やら話しかけてくるインド人
I want to go to Puri.
(私、プリーっていう所に行きたいの)
通じるわけないか
OK!
ついて来い!!
グッ
通じたんかい!!

英語が話せない！

海外旅行に英語は必須なのか？

宿のチェックイン、レストランでの注文、チケットの購入……。英語がほとんど通じない国もあるが、旅行中英語が必要になる場面はかなり多い。今やアプリや小型の翻訳機など、英語が話せない人にとってありがたいアイテムはいくらでもあるが、それでも不安な人は多いだろう。しかし、海外旅行で最低限必要なのは、超簡単な〝英単語〟だ。

たとえば、宿での「ワン」は〝一泊〟でとらえてくれ、バスのチケット売り場での「ワン」は〝一枚〟でとらえてくれる。お互いの目的や立場がはっきりわかっていればいるほど、詳細がなくても伝わるのだ。立派な文章にしなければ通じないわけではない。

会話のキャッチボールをするには

旅先で出会う外国の人から、最初に聞かれる質問はだいたい決まっている。「出身は？」「仕事は？」「この国は初めて？」などだ。これらは英語が苦手でも、次第に聞きとれた単語を拾って、何を聞かれているか予想できるようになってくる。受けた球を返すことくらいは、簡単にできるのだ。

ここから「自分の経験（これまでの旅や仕事）」、「日本の文化」など、話題の切り口を簡単な英語で準備しておくと、球は何度も行き来する。相手が返してくれた言葉がほとんど聞きとれなかったり、自分の考えや感性を深く語ることができなかったりしても、一方通行の会話よりよっぽど進んだコミュニケーションが取れるはずだ。

完璧な英語はいらない

まず誤解してほしくないのは、これから私がお伝えすることは、〝英語は話せなくて良い〟ということではない。英語は話せたほうが良い。

旅を円滑に進めるためにではない。世界中の人とより深く心を通わせるためにだ。

しかし、話せないからといって尻込みする必要はない。ただ旅行をするだけなら、英単語だけでも最低限の意思は伝えられるのだ。多くの英単語を知らなくても〝自分が伝えたいことを、さまざまな手段をもって伝えること〟。これができれば問題ない。

たとえば図書館までの行き方を訪ねたいとき、もし「Library」がわからなかったらどうするだろうか。私なら知っている単語のなかで、〝図書館を連想できる単語〟をたくさん繋げて人に聞く。「Many books!」「Students study!」など、いくつか出てくるはずだ。英語を話せる人に比べるとスムーズではないが、意思は伝えられる。

では、助けてもらった人に、強い感謝の気持ちを伝えたいのに「Thank you」以外の言葉を知らなかったらどうするだろうか。「あなたの助けにとても感謝しています」「この恩は忘れません」と言わなければ、感謝を伝えることはできないのだろうか。そんなことはない。直訳せずに知っている単語で感謝を示せば良いのだ。「I'm happy!」「You are so kind!」でも十分ではないだろうか。ここに表情や、胸に手を当てるジェスチャーがプラスされたらどうだろう。もちろん、相手がどう受けとったのかが一番大事なのだが、完璧な英文が言えなくても、それに劣らないコミュニケーションが取れると私は確信している。

国や地域が変わるごとに、英語ではなく、その地で話されている3つの現地語を覚えることもおすすめだ。「こんにちは」「ありがとう」「さようなら」。もちろんもっと覚えても良い。「すみません」「おいしい」「お願いします」……。日本に来た外国人観光客が、日本語で私たちに話しかけてきたときのことを想像してほしい。こちらも一生懸命応えたくなるし、日本で良い思い出を作ってほしいと思うはずだ。流暢な英語よりも、現地語はよっぽど喜んでもらえる。

言葉が通じなくても、相手は心ある人間。こちら側がまったく努力をしなくても良い、という意味ではないが、誰にも頼らず一人で旅を終えるのは不可能だ。どんなに「一人旅」と主張しても、そこには多くの人との触れ合いや助けがあって、自分がいかに一人ではないのかを痛感する。一人旅というのは〝誰かと絶えず繋がっている〟ということを確認するためのものなのかもしれない。

だからまず、助けが必要なときに「助けて」と言うことが恥ずかしいことではないことを頭に入れておいてほしい。声をかけて迷惑がる人も中にはいるが、私の経験上それはほんの一部だ。

英語に限らず、私はコミュニケーションに一番大事なのは〝相手への興味〟だと思っている。道を聞くだけで、相手に全力で興味を示す必要はないかもしれないが、誰かと会話するときの基本であり一番大切なことだ。

その興味を相手に示す方法が「表情」や「声の抑揚」、「反応」だ。片言の英語にうまく乗せられないのであれば、ところどころ日本語を使ってしまっても良い。話の内容は伝わらないかもしれないが、喜怒哀楽といった、コミュニケーションに大切な〝感情〟は伝えることができる。そしてその感情が伝われば、相手からも同じように感情が返ってくる。これがコミュニケーションだ。「英語が話せる＝コミュニケーションが上手」という方程式は成立しない。

完璧な英語を目指す前に、相手と顔を見合わせて話すこと、これに慣れてほしい。相手に理解しようと努力させてしまうのは申し訳ないが、それを気にしていたら何もできない。ただし、その分気持ちを込めること。一生懸命、ただ目の前の相手に全力で。伝えたいことや感謝の気持ちは必ず伝わる。

一年に一度の誕生日 その日私は香港にいた
STAR BL
遅くなっちゃった… カフェでケーキ食べよ…
さみしい誕生日だわ
残りひとつのチョコレートケーキを注文すると
This one please.
あとココアも…
Hey!
うしろにならんでいたイケメンが声をかけてきた
それ君にごちそうするよ
今日、僕誕生日なんだ!
For you♥
※海外では自分の誕生日は〝家族や友人、周りの人に感謝をする日〟という素敵な考え方をすることが多いらしい
これにはさすがに運命を感じた
わ、私も今日誕生日…
ドキドキ
Really!?
疑う彼にパスポートを見せると彼は驚き
ね?
その後、彼とは何時間も片言の英語で話した
Amazing!!
最後別れるときキスをしたいと言われたが、キスを断りハグをした
本当は「この人ならいいかも…」と思ったのは秘密

旅先で恋をした！

日本人女性は海外でモテる？

　もはや言うまでもないかもしれないが、日本人女性は海外でモテる。日本人で、女で、一人。これほど魅力的な条件は他にないのではないか、というほど、この三拍子は外国人男性を引き寄せる。おしとやか、控えめ、従順……etc日本人女性に対し、可愛らしいポジティブなイメージを持っている外国人男性は多いのだ。

　しかし同時に自己主張が弱く、押せば落ちると思われやすいのも事実。日本人女性特有の曖昧な行動が、誤解を招いてしまうのだ。

　強気な態度で相手を刺激したくない、言葉に自信がない、などの理由で、愛想笑いでごまかしてしまう日本人女性はとても多い。しかしこの態度は、こちらにまったくその気がなくても、脈アリと思われてしまう可能性が高い。外国人男性は非常に積極的だ。空気は読まない。

男性の目的はふたつ

　出だしで「日本人女性はモテる」と言ったが、正確にはモテるという〝錯覚〟かもしれない。日本人女性は非常にチヤホヤされやすいが、旅先で男性が近づいてくる目的は、だいたい次のふたつが多いことを知っておいてほしい。〝お金〟か〝体〟だ。もちろんこれは海外だけに限らないし、外国人男性だけに言えることでもない。しかし、必ずしも相手が自分に好意を持っているとは限らない、ということは覚えておいてほしい。

　日本では滅多に言われない「君はなんて美しいんだ！」「綺麗な瞳だ……」という言葉につい嬉しくなってしまう気持ちは非常にわかるが、その気がないのなら「パートナーがいる」など、はっきり断るべきだ。

　海外にいる、というだけで心も体もオープンなるのは誰しもあることだが、もしも日本で同じシチュエーションに出くわしたら、「同じ行動をしているか?」「不審に思わないか?」「はじめて会った見ず知らずの男性に、ホイホイついて行くだろうか?」と、自問自答してみてほしい。

実際について行ってしまう日本人女性は非常に多い。たとえ一部のケースでも、それが外国人男性にとって、日本人女性の印象になってしまうのだ。

ワンナイトラブを楽しみたい人もいるかもしれないが、金銭的、性的被害で心や体に大きな傷は負ってほしくない。取り返しのつかない事件に発展してしまっては遅いのだ。

旅マジックの脅威

海外での怪しいお誘いには気をつけてほしいが、恋愛を否定する気はない。実際に私も恋をした。

長く旅をしていると、日本にいたらきっと関わらないだろうタイプの男性と出会う機会がとても多い。これはすごく新鮮だ。そして女一人、そろそろ寂しさを感じてきた頃に出会う男性には、強い魅力を感じてしまうものだ。

不安と緊張が入りまじる外国で、信じられないような景色を一緒にみて、はじめての体験を一緒にし、驚き、喜び、感動をともにするのは、まさに吊り橋効果。恋に落ちないほうが珍しいかもしれない。

私は恋自体、催眠状態だと思っているが、旅での恋はさらにその威力が強力で、あっという間にかかってしまう人が多いのだ。旅マジックにかかってしまったら最後、恋をしているまさにそのときはもちろん、帰国後、またはその恋が終わってしまっても、世界中で一緒に見た景色、感じた匂い、味、音、今後一生思い出すすべてに、恋をした相手が登場することになる。それは喜びであり、絶望でもある。旅マジックにかかった人の宿命だ。

You fall in love a lot

USA Horseshoe Bend

Bolivia Uyuni

人・食べもの・アート・景色…旅中はたくさん恋をする。

Peru Machu Picchu

Greece Santorini

わたしの一人旅コラム

カメラをお願いする人の選び方

今では広角で撮影できるGoProなどさまざまなアイテムがあり、誰かに頼まなくても十分素敵な写真が撮れるようになった。でも、もし誰か（外国人）に写真を頼むとしたら……。私流、勝手にカメラマンに任命する人の選出基準をご紹介。

おしゃれなインスタをやってそうな人
見るからにおしゃれな人は、おしゃれなインスタをやっている可能性高し！どう撮ってあげるのがおしゃれか、自然と意識してくれる。

一眼レフを持っている人
一眼レフカメラを持っている人は、やはりカメラに慣れた人が多い。こちらが一眼レフカメラなら、なおさらお願いがしやすいだろう。カメラを渡すときには、細かい設定は済ませ、できればファインダーを覗かせず、シャッターを押すだけの状態にしておこう。

感じがいい人
カメラの腕前も大事だが、話しかけやすいオーラが出ている人を見つけよう。感じの良い人に撮ってもらう写真は、こちらも良い表情が自然と出るものだ。

年齢若め（20〜40代）
年齢が若めの人のほうが、電子機器に慣れている確率が高い。指が入っていたり、ブレてしまったり、ピントが合っていなかったり……という悲しい写真になる可能性は減る。

女性（感性が近い）
女性は感性が近く、細かいことに気づいてくれる人が多い。例えばうしろに人が入り込まないように移動してくれたり、強風がおさまるタイミングでシャッターを押してくれたり。
ベストな写真を撮るために、指示を出してくれたり、何枚か撮ったあとリクエストがないか確認してくれる人も女性が多い気がする（これ全部私がやっていること。笑）。

観光客（同じ日本人ならベスト）
同じ観光客なら、ある程度写真を撮ることに慣れている人が多く、そのままカメラを盗難される心配も減る。日本人なら言葉も通じるので、リクエストもしやすい。

▶ ポイント
「こんな風に撮ってほしい！」というイメージがある場合は、事前にインスタグラムなどの検索機能で対象の場所を探し、イメージに合う写真を用意しておくと◯。撮ってほしいイメージを言葉で説明するよりも早いし伝わりやすい！

カメラを頼まれたときの私。撮影後は99％の確率で「Perfect!」と言ってもらえる。笑

第5章 体調トラブル

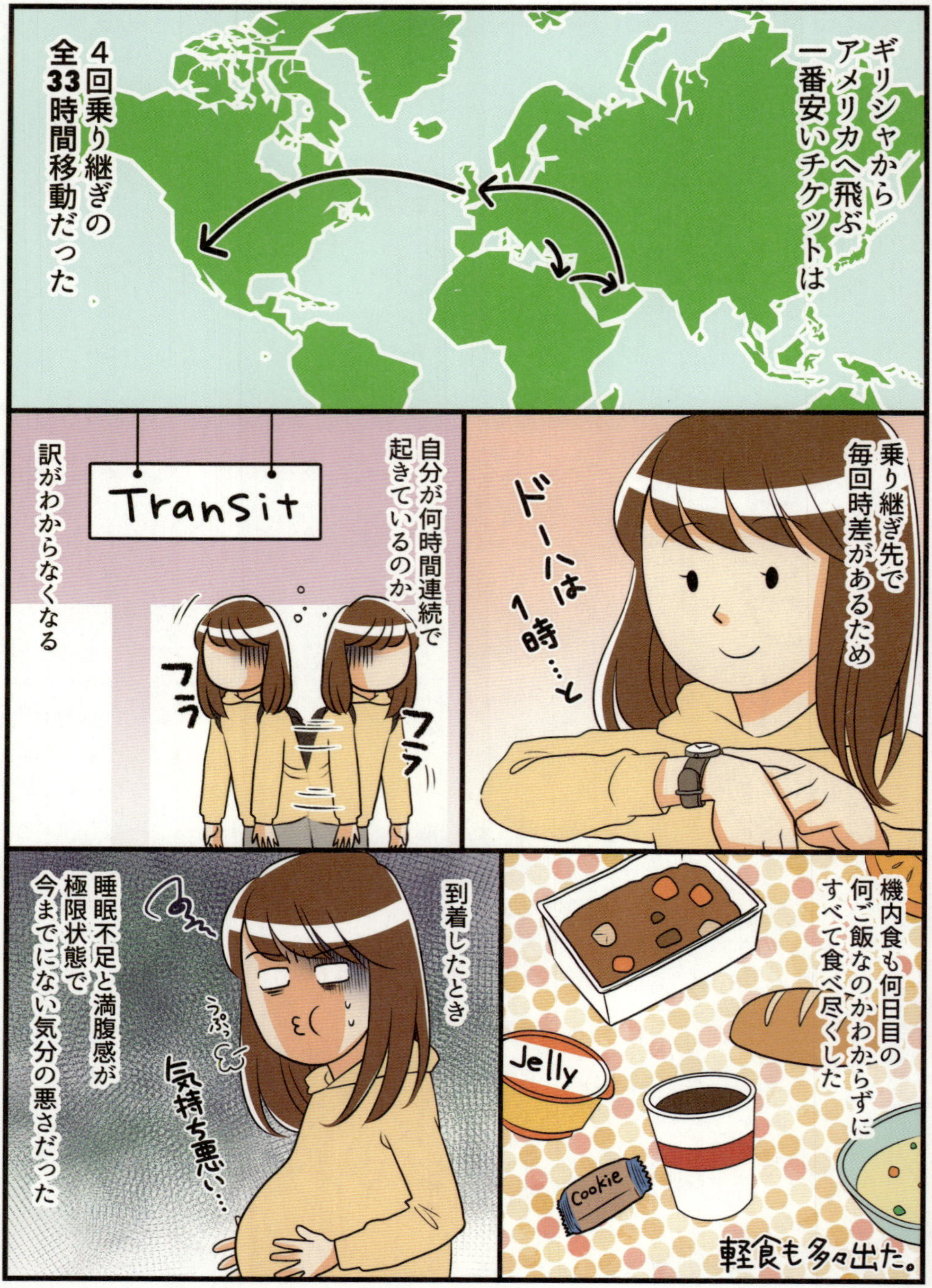

ギリシャからアメリカへ飛ぶ一番安いチケットは
4回乗り継ぎの全33時間移動だった
乗り継ぎ先で毎回時差があるため
ドーハは1時…と
自分が何時間連続で起きているのか
Transit
フラ
フラ
訳がわからなくなる
機内食も何日目の何ご飯なのかわからずにすべて食べ尽くした
Jelly
Cookie
軽食も多々出た。
到着したとき
うぷっ
気持ち悪い…
睡眠不足と満腹感が極限状態で今までにない気分の悪さだった

時差ボケがツライ！

時差ボケ予防法

「時差ボケなど、気合いで乗り切れる！」と思う人は多いかもしれない。しかしそれは20代までだ。

東回りの大きな移動ほど、時差ボケに対する体の調整が難しい傾向にある。予防として、飛行機に乗る前から現地到着時間に合わせて、食事や就寝の時間を調整すると、現地の生活リズムにとけ込みやすくなる。現地到着が朝の場合、機内で眠る時間を到着の数時間前に、夜の場合は搭乗して食事が済んだらすぐに眠るようにすると良い。出発前の調整が難しい場合は、遅くても飛行機に乗り込んだら時計を現地時間に合わせることを忘れずに。

時差ボケ解消法

対策をしても、時差ボケは発生する。時間だけでなく、機内で過ごした体への負担、ストレスなど、疲労が時差ボケをさらに加速させるかもしれない。

私がいつも行なう時差ボケ解消法は非常にシンプルだ。朝現地に到着した場合は、なるべく寝ないこと。宿に荷物を置いたら、軽く散歩をしながら太陽の光を浴びる。初日は無理に観光せず、ちょっとした買い物や街歩き程度で済ます。どうしても眠気が酷く体調が悪いときは、一～二時間だけと決めて仮眠をする。ここで必要以上に寝てしまうと、その先ずっとリズムが狂うので注意しよう。

夜現地に到着した場合は、眠れなくてもベッドに入ること。どうしても眠れないから、と開き直って起きていると、朝方ウトウトしてきたときに必ず後悔する。現地時間に合わせて睡眠時間を調整することが、一番手っ取り早い解消法なのだ。

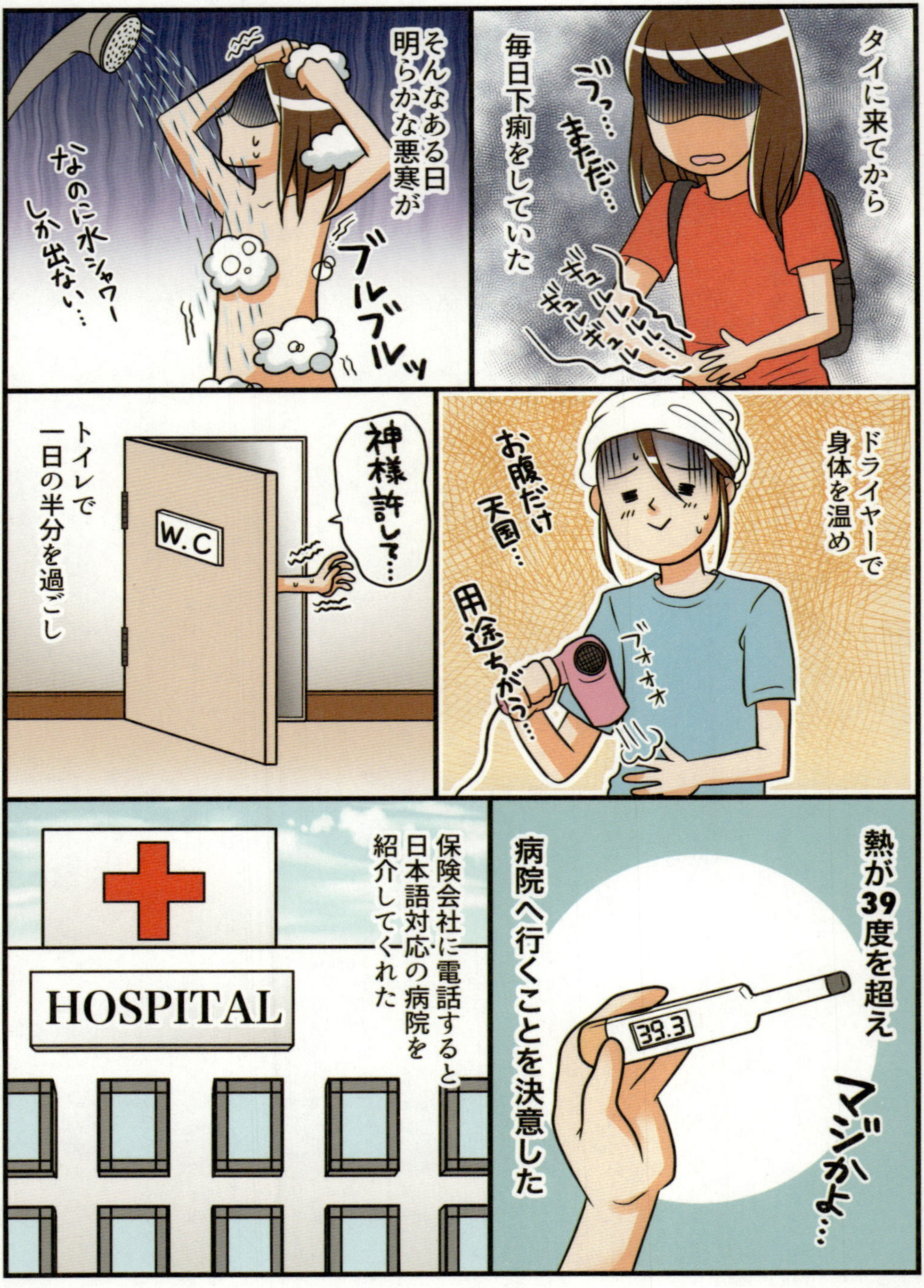
タイに来てから
毎日下痢をしていた
うっ…まただ…
ギュルルルル…
ギュンギュン…
そんなある日
明らかな悪寒が
ブルブルッ
なのに水シャワーしか出ない…
ドライヤーで
身体を温め
お腹だけ天国…
用途ちがう…
ブオォォ
トイレで
一日の半分を過ごし
神様許して…
W.C
熱が39度を超え
病院へ行くことを決意した
マジかよ…
39.3
保険会社に電話すると
日本語対応の病院を
紹介してくれた
HOSPITAL

すぐさま身長・体重測定
靴は履いたままでいいので…
いいえ脱がせてください
少しでも軽く…
医師に症状を説明すると…
入院だね☆
え。
通された個室はホテルのスイートのようだった
ハイビジョンテレビ
ソファー
ホットチョコレート
ベット
元気なときに来たかった…
なぜか読売新聞
新聞
ソファー
カラオケのデンモクのようなもので病院食も選べた
朝
明日はパンケーキ♡
退院時
大量の薬と領収書を受けとり
領収書
薬
ゾッとした…
4日でおよそ30万円
○○○○万バーツ
ガク
ブル
保険入っといてよかった…

体調を崩した！

体調を崩してから最初にすること

海外で体調を崩したら、我慢せずにまずは保険会社に連絡しよう。スカイプクレジットが便利だ。わざわざ高い保険をかけて旅行に来ているのに、ツライ状況を我慢する意味がない。体のだるさや発熱も、原因はただの疲れだと思っていたら、実は感染症にかかっていた、という恐ろしい可能性もゼロではないのだ。日本とは違う環境を旅行していることを忘れてはいけない。

保険会社に連絡を入れると、現在自分が滞在している場所から近い病院をいくつか紹介してくれる。日本語が通じる病院や、こちらで立て替える必要がないキャッシュレス病院があればそれも教えてくれる。

保険会社に電話ができなくて先に病院にかかったら、診断書や領収書は必ず受けとり、日本に帰国したらすぐに保険金請求の手続きを行なおう。病院までの交通費も請求できるのでメモしておくと良い。

持っていくと便利な薬

保険に入っていれば、必要以上に薬を持っていく必要はない。体調が悪くなったら自己判断せずに病院に行くのが一番良いと思うからだ。しかし、海外ではすぐに病院に行けないことも多い。そのため、最低限の薬だけは準備しておくことをおすすめしたい。

市販で購入できる薬は、第一類医薬品、第二類医薬品、第三類医薬品とリスク別に販売されている。数字が増えるにつれ、安全に配慮されたリスクの低い薬なのだが、個人の症状に合わせて的確に処方された薬ではないので、効き目も弱い傾向にある。そのため、薬を選ぶときは、医師から直接処方してもらったものか第一類医薬品を持っていくのをおすすめする。ただし、副作用のリスクも高くなるので、医師や薬剤師の指示を守って服用するのが前提だ。

風邪でもないのに病院に行っていいのか、と疑問に思うかもしれないが「長期海外に行くので、風邪薬を処方してほしい」と相談すれば、必要な薬を数日分処方してもらえる。

行く国や医師との相談にもよるが、①解熱鎮痛剤②総合風邪薬③胃腸薬があると安心だ。錠剤なら二年はもつので、帰国後も使用できると思えば、旅中に使い切らなくても無駄な出費にはならないだろう。

海外で薬を買うことも可能だが、ほしい薬が日本で買う薬の商品名と同じとは限らない。薬の成分名や体の症状を英語で伝え、用量に注意して服用しなければならないので注意。

生理時の体調管理

私は生理痛が非常に重く、薬を飲まなければただ寝たり座ったりしているだけでもツライ。鎮痛剤やピルの服用で生理痛を和らげるほか、おなかや腰まわりを温め、強い締めつけのあるものは履かないようにしている。

生理痛を緩和させる方法を日本でも試している女性は多いだろうが、旅行中の生理と上手につき合う方法はズバリ〝予定日を知る〟ことだ。慣れない環境や時差で生理不順に陥る女性も多いかもしれないが、生理管理アプリを使うなどしておおよその予定日を把握しておくことをおすすめする。

移動日やアクティブに動く日を予定日に重ならないようにするだけで、ストレスや体の負担はかなり軽減される。これは非常に基本的なことかもしれないが、旅行中は目の前のことに夢中で無茶をしがちだ。

私にとって旅行は心の栄養。しかし体調が悪いと心も疲れやすく、せっかくの栄養が届かない。旅行中の不調はいつも以上に体をいたわってほしい。

南米のバスの移動は
本当に長い
ここから
ここまで
30時間!!
こういうときに
生理がかぶると
W.C
最悪だ…
お腹が痛い
ツラい…
貧血になる
inバス
生理用品を
なかなか交換できない
モレが心配…
次のトイレ休けいまだかな…
二日目の生理に
長距離移動が重なると
生理用品を交換するとき
床が殺人現場のように
なることも少なくない
W.C
ギャアアアア

生理になった！

海外の生理用品事情

50カ国ほど旅してきたが、現段階で日本のクオリティを超える生理用品にはまだ出会っていない。たとえば4〜5日目以降に使うような薄っぺらいナプキンや、挿れる意味がないのではないかというくらい吸収しないタンポン……。それに比べると、超薄型なのに吸収力抜群、漏れを防止するサイドギャザー、通気性抜群の生理用品は、やはり日本がズバ抜けて良質だ。

さらに海外では日本のように、一度で剥がれるタイプのナプキンはほとんど見たことがない。裏をめくって、羽根部分をめくって、大きいものならさらにうしろ部分をめくって……。音がしないよう柔らかな素材で包まれたナプキンも、日本くらいではないだろうか。海外の生理用品を使うたび、つくづく日本人の繊細さを感じたものだ。

旅に持っていく生理用品

長期旅行に行くときは日数にもよるが、使い慣れた生理用品を持っていくと良い。荷物にはなるが、長時間移動のときや量がいつもより多めのときなどに使う大きめの夜用を2〜3枚、薄型の吸収性抜群の昼用を2〜3枚、タンポンは10本以上あると安心だ。短期旅行でも、生理がきてしまったときの初日1回分くらいは用意しておこう。生理用品はどこでも手に入るのだが、血量が多い人や生理に不安のある人は、念のための〝お守り〟としてあっても良いだろう。

最近では、ナプキン不要の生理用パンツや、長時間つけていられる月経カップが話題を集めている。月経カップは第三の生理用品として使用する女性も増えていて、小さい上に洗って再利用できるので、荷物にならず経済的。旅行者にぴったりなアイテムだ。

しかしカップごと膣に挿入するので、まず使い慣れなければいけない。また、手が汚れてしまったり、取りはずすときに血だらけになってしまったりする。使い慣れるまでは少し苦労するかもしれないが、便利なアイテムだ。

突然生理になったら

常にポーチに予備のナプキンを入れておくのがベストだ。しかし持ち合わせがなく、近くに生理用品を購入できるお店もないときは、とりあえずティッシュを当てて代用する人が多いだろう。

この場合、ティッシュをショーツに重ねるだけでなく、棒状に丸めたティッシュをフィットするように挟むと良い。うしろ漏れが心配なら、お尻の割れ目にもしっかり挟もう。

タオルハンカチを持っていれば、何枚も重ねたティッシュをハンカチで包み、ショーツにあてがうだけで簡易ナプキンにもなる。これは災害などの緊急時にも使われる方法だ。可能なら、スパッツなどのぴったりするものを履いて、体とショーツの隙間を埋めるとモレ防止になる。

海外のトイレには紙がついていないことが多いので、ティッシュは常に持ち歩く必要がある。しかし、ティッシュやタオルハンカチを持ち歩けるのなら、やはりナプキン一枚くらいは予備で持っておくべきだろう。

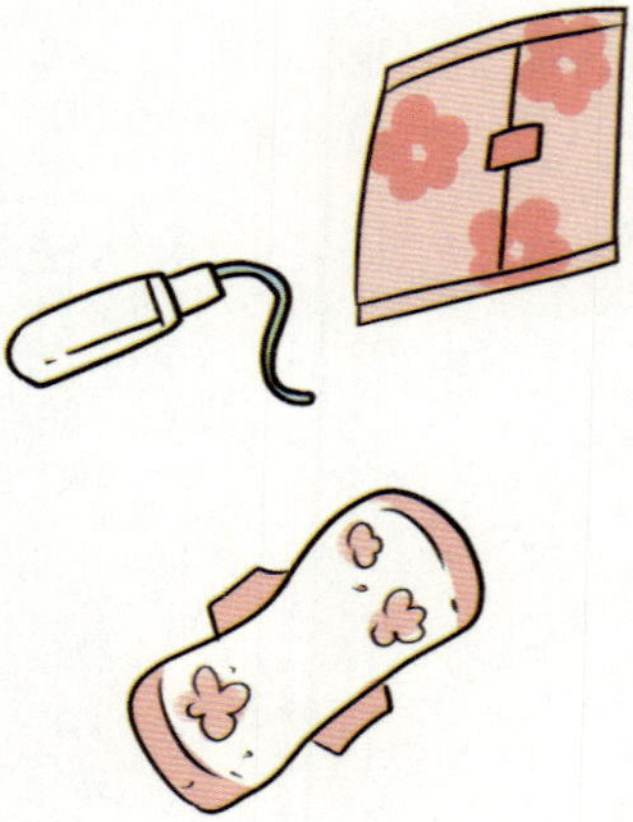

Sanitary product

生理用品は世界中で手に入る。大型スーパーなどでは、種類豊富に扱っていることも。

成分や含有量には注意が必要だが、薬を購入することも可能。必要な分だけ購入することができる場合も。そのときは添付文書をもらっておきたい。

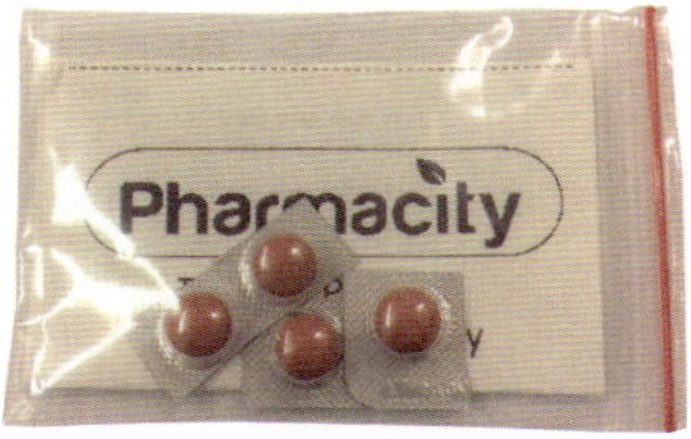

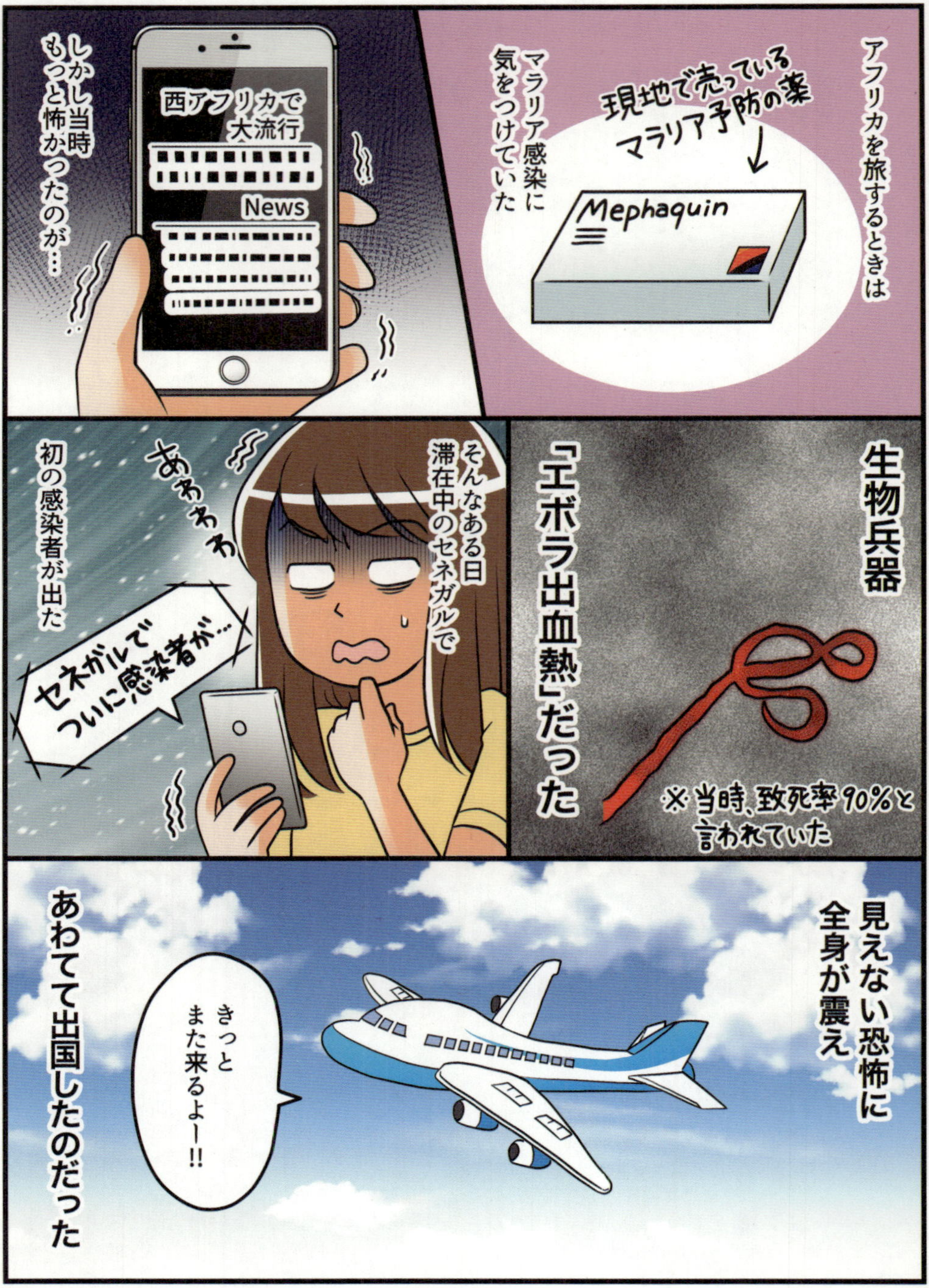
アフリカを旅するときは
マラリア感染に気をつけていた
現地で売っているマラリア予防の薬
Mephaquin
しかし当時もっと怖かったのが…
西アフリカで大流行
News
生物兵器
「エボラ出血熱」だった
※当時、致死率90%と言われていた
そんなある日滞在中のセネガルで
初の感染者が出た
あわわわわ
セネガルでついに感染者が…
見えない恐怖に全身が震え
あわてて出国したのだった
きっとまた来るよー!!

感染症に注意！

旅行者がかかりやすい感染症

海外でとくに注意が必要なのは、水や食べもの、油などによる下痢の症状だ。細菌や寄生虫、ウイルスに感染している可能性がある。

他にも、マラリア流行地域に滞在中または滞在後の発熱は注意したい。4種類あるマラリアの中でも「熱帯熱マラリア」を発症すると、24時間以内に治療しないと死に至る可能性もある。

また、狂犬病も一部の地域を除いて世界中に存在している。発病すれば100％死に至る恐ろしい感染症だ。

感染を防ぐには

腹痛や下痢を防ぐには、加熱されていない食べものや生水、衛生面に不安のある場所で売られている食べものには注意が必要だ。

マラリアはハマダラカという、マラリアを媒介する蚊から感染する。流行地域に滞在する場合は、蚊が急激に増える雨季は避けたい。

ハマダラカは夕方から明け方にかけ、屋内外で人の血を吸う。夜間の外出は控え、窓は開けずに肌の露出を控えよう。彼らは彩度の高い色を好むので、白などの薄い色の服を着るのも良いだろう。

DEETという成分が30％以上入っている、効き目の強い虫除けスプレーも準備できると良い。日本の「おすだけベープ」も効果抜群。マラリア予防薬を服用するとさらに良い。

狂犬病を防ぐために、動物、とくに野良犬との接触は控えよう。ワクチンを打っていても、狂犬病を患っている動物に噛まれてしまったら、追加のワクチンが必要だ。

他にもまだまだ感染症は報告されている。ワクチンで予防できるものもあるが、100％ではない。細心の注意を払っていても感染し、死にかけた友人を私は何人か知っている。予防に努めることは、旅人の義務なのだ。

わたしの一人旅コラム

女子旅の下着事情

旅行先ではかさばらず着心地が良い、そして洗濯がしやすく、乾きやすい下着が重宝する。つまり……速乾性に優れたワイヤレスブラ！程よいホールド感で胸の形をキープしつつ苦しくないので、旅行先に持っていくブラとして女性に大人気（私は肩ひもが落ちるのが嫌なので、断然スポブラ派……笑）。

パンツも同じく速乾性に優れたものがおすすめだが、旅先で出会った女性の中には、荷物にならないようにと、持ってきたパンツは全部Tバック！という女性もいたし、性的リスクを減らすために、男性用ボクサーパンツを履いている女性もいた。

どちらにしても、下着は小まめに洗う癖さえつければ、何着も必要ない。一応、念のため勝負下着があっても良いかもしれないが、持っていくのは１セットのみで良し！笑

ブラトップは女子旅の人気アイテム。楽だし、男性がいる混合ドミトリーで寝るときに着る女性が多い。
パジャマは基本的にTシャツ＆短パン。共用シャワーを使用するときは、ロンパースタイプがめちゃくちゃ楽ちん。寒いときは、レギンスやパーカーを重ね着して温度調節をする。

ポイント

持ち運ぶ荷物を減らすため、移動日は一番かさばる服を着る。長時間移動の場合は、締めつけの少ない着心地の良い服ならさらに良し！

第6章 犯罪・その他トラブル

ピラミッドの敷地内に入るとラクダに乗ったおじさんが
ヘーイ ラクダに乗らないかい？
白馬の王子様ばりに登場し話しかけてきた
ピラミッドバックにラクダに乗った写真を撮りたかった私は
サービスするよ
いくら？
興味を示した
~~白馬~~ラクダの~~王子様~~おじさまは、
ホラ、コレを見ろ！
得意げに手帳を出して見せてきた
その手帳にはこれまで乗せてきた人たちからの感謝のメッセージらしきものがたくさん書かれてあった
Thank you!
Thanks!
オレは日本人も乗せたんだぞ
フフン
さらにおじさんはあるページを見せてきた
どれどれ…
おじさん…これもう見せちゃダメだよ…
これを見た人はすぐに逃げてください!! ぼったくられます!
日本語が暗号として機能した瞬間だった

ぼったくりに遭った！

ぼったくりも商売のうち？

海外ロケのテレビ番組で、タレントが必死に値切るシーンを見たことはないだろうか。海外では値段表示がなく、交渉で金額を決めなければいけない場面がよくあるのだ。

「なるべく安く……」と思うのがこちらの自然な心理だが、向こうも商売。生活がかかっている。観光地であればあるほど、旅行ができるくらいお金に余裕がある観光客から収入を得ようとするのは、当然なことかもしれない。観光名所の入場料にも〝外国人料金〟があるくらいなのだから。

よくあるぼったくりの手口

しかしこちらも、請求額同等、もしくはそれ以上の価値を感じないものに対して、言われたままの金額は払いたくない。交渉は相手とのやり取りの中で、お互いの折り合いがつく妥協点を探すことになるが、明らかな法外請求は相手にする必要はないし、騙されないようにしたい。

商品を購入するだけなら買わなければ良い話だが、厄介なのはすでにサービスを受けたあとに追加料金を請求されるパターンだ。私が乗ったこのラクダのおじさまは、ピラミッド周りをしばらく歩いたあと、出入り口から一番遠い場所で「乗った場所まで戻りたければ追加でお金が必要だ」と言ってきた。

タクシーなどの乗りものでもこういったトラブルは多く、「さっき言った金額は片道分だ」とか「単位はルピーじゃない、ドルだ」とか、本当によくまぁ思いつくもんだ……と感心してしまうほど御託をならべてくる。

こちらが頼んでもいないのに、勝手に手伝って勝手に高い金額を請求してくる、勝手なぼったくりもいる。一人じゃ重い荷物を運ぶのを手伝ってくれたり、迷ったときに道を案内してもらったりしたときには、感謝を込めてチップでも渡したいと思う。しかし、頼んでも困ってもいないのに、突然荷物を奪いとられ、「君が行きたい場所はこっちだ」と誘導され、最終的に「金をくれ」みたいな強引なパターンも多い。これでは泥棒と一緒だ。欲しくもないアクセサリーを勝手に首に巻かれ「はい、10ドルちょうだい」なんてこともある。もちろん払わない。望んでいないサービスを強引にされ料金を請求されるのも、立派なぼったくりなのだ。

ぼったくりの予防線

現地の生活水準や、物価の相場を知っておくことが一番の予防線だ。それを知らなければ、言われた金額が高いのか安いのかがわからない。支払ったあとで「あれはぼったくりだった!」と嘆いても遅いのだ。

逆に相場を知らずに、現地人へ提供する金額よりも安い金額を要求してしまうと、向こうのほうから相手にされない可能性もある。そしてそれは少し失礼だ。

サービスのあとに支払いをする場合は、しつこいくらい確認しよう。「往復料金?」「支払いはルピー?」「紙に書いて」「追加料金はないよね?」など、片言、身ぶり手ぶりで良いのでなるべくたくさんの質問をする。相手の反応から嘘を見破れるかもしれないし、相手もこちらを〝騙しにくい〟と認識するだろう。信用できなければ他をあたっても良い。

「旅行中、毎回このやり取りをしなければいけないのか……」と少し気が重くなるかもしれないが、不思議と慣れてくる。はじめは「絶対に騙されたくない」「いかに安く値切れるか」ばかり考えてしまいがちだが、傲慢な態度はときにトラブルを招く。悪意のあるぼったくりには事前に気づきたいが、相手とのコミュニケーションを楽しむことも忘れないでほしい。

Memories

Egypt
Pyramid

ラクダのおじ様は、ピラミッドバックに写真を撮ってくれたり、「走るラクダに乗ったことはあるかい？」と、ラクダを走らせてくれたり、実際は結構良くしてくれた。はじめに言われた金額よりも少し多めに払ったが、悪質なぼったくりとは思っていない。

パレスチナの街を歩いていたら、突然「For you」とパンをくれたパン売りの少年二人。ぼったくるどころか、「この場所に来てくれてありがとう」と、自分たちの生活の大事なお金になるであろうパンをプレゼントしてくれたこの二人が、今でも強く印象に残っている。ぼったくりは確かにいるが、本当に悪意をもってぼったくる人は、実はそれほど多くない、というのが私の感じた印象だ。

Palestine Bethlehem

旅中、友人が日本から遊びに来ることになった
ギリシャで合流しよう！
いいよ！
地下鉄
「一人じゃない」という環境は
ペチャクチャ
ペチャークチャ
久しぶりだねー
ねー
ドンッ!!
人を油断させる
あの人降りるときすごいすり寄ってきた
15分後
友人は青ざめた
な、ない…
ポケットに入れていたiPhoneがないと…
？
友人は一通り泣いたあと
うっうっうっうっ
ふだんは絶対ポケットなんかに入れないのに…
一人警察署を探し回りポリスレポートをもらい30分後ひとまわりたくましくなって戻ってきた
大きい荷物もあるしそこで待ってて!!
ハ、ハイ…
私より旅っぽいことしてます

荷物を盗まれた！

スリの手口

「世界中の悪党が集まるから気をつけろ！」これは2014年W杯開催時、ブラジルに滞在していた私に、現地の人が放った衝撃的な一言だ。〝人が集まる場所には、犯罪目的で徘徊している者も集まる〟という身が震える警告だった。

あげていたらキリがないほど、スリにはさまざまな手口がある。すれ違いや追い越しさまに財布や携帯を抜きとったり、話しかけられて気をとられているうちに、別の仲間がうしろから手をのばしてきたり。犯人は単独犯とは限らない。女性や子どもの可能性だってあるのだ。

私は、「ストラップの細いショルダーバッグで観光し、宿に戻ったら紐だけ肩にかかっていた」という信じられないような話も聞いたことがある。バッグ部分だけ切り取られたのだ。バッグの重みがなくなったことに気づかないものか？と、つい笑ってしまったが、これは実話だ。

警官を装ってパスポートの提示を求められ、そのままスラれることもある。パスポートの提示は情勢が不安定な地域や、怪しい行動（軍事施設の撮影など）をしていた場合には、実際に求められる可能性もあるが、突然街中で提示を求められることはほとんどない。

パスポートは海外で通用する身分証明書だ。さらに、日本のパスポートは国際的信用度が非常に高く、狙われている。旅行者は常に携帯しておくべきだが、怪しい相手には十分注意し、万が一違和感を抱いた場合には相手のＩＤ提示を求めたり、「警察署に行く」などの言葉で反応を見たりしよう。

私の経験上、スリに遭遇していない友人は数えるまでもないくらい少数だ。ほとんどが被害に遭ったか、ターゲットにされたが間際で防いでいる。スリは人のスキをつくプロなのだ。

海外でやってはいけないこと

電車は格好のスリ現場だ。混雑しているときはとくに注意。体が接触している状態は、カバンの中身を探られていても意外と気づかないものだ。

ドア付近に立つことも避けるべきだ。今回iPhoneをスられた友人は、まさに扉が閉まる直前にポケットから抜きとられ、犯人はそのまま電車を降りた。これでは、異変に気づいてもどうしようもない。

当然ながら、ポケットに貴重品を入れることは、海外では避けるべき行為だが、仮にくくっていても、いとも簡単に切られてしまうから、安心はできない。

日本では当然のようにやりがちだが、席をカバンで確保したり、貴重品を生身で持ち歩いたりすることも、海外ではもはや「盗ってくださ い」と言っているようなもの。カフェでのんびり本を読んでいたら、テーブルに置いていたはずのスマートフォンがいつの間にかなくなっていた！という経験をした人も多いはずだ。

女性はいくらおしゃれをしたくても、過度な高級品を身につけるのは少し考えものだ。誰から見てもわかる場所に金目のものがあると、スリでは済まない可能性がある。私はインドで電車に乗っていたとき、「窓を閉めろ！ネックレスを引きちぎられるぞ！」と注意されたことがある。高価なものを身につけるときは、場所を選ぼう。

そして、万が一強盗に遭ってしまったら……あなたならどうするだろうか。抵抗するだろうか。それとも犯人を追いかけるだろうか。

犯人の狙いがあなたの命ではなく、持っている〝もの〟だとしたら、それは抵抗せずに差し出してほしい。ものすごく悔しいかもしれないが、抵抗したために命を奪われてしまった旅行者が、過去に何人もいるということを忘れないでほしい。

お金やクレジットカード、パスポートやカメラなどの電子機器、これらを盗まれることは、旅そのものを断ち切られてしまうも同然かもしれない。カメラに詰まった大切な過去の思い出も、全部消えてしまうかもしれない。しかし未来がある限り、取り返しのつくものだ。

命だけは絶対に守ってほしい。これまでいくつもの鉄則をお伝えしたが、これが最も重要な鉄則だ。

盗難に遭ってしまったら

まずはクレジットカード会社や携帯電話会社に連絡をし、カードや回線を止めてもらおう。盗まれたのがスマートフォンなら、持っている各アカウントのパスワードも変更しておくと情報漏えいを防ぐことができる。

その後最寄りの警察署に行って、「ポリスレポート（盗難証明書）」を書いてもらわなければならない。これがないと帰国後に保険金がおりないのだ。帰国直前の盗難など、どうしても警察署に行けない場合は、保険会社に連絡してみよう。事情を考慮してくれるかもしれない。

警察署では、まず盗難に遭ったこと、ポリスレポートがほしいことを伝えよう。盗難にあったもの、日時や場所、そのときの状況などを英語、もしくは現地語で質問を受ける。言葉に自信がなければ、被害内容をメモしていこう。対応は警察署によってさまざまで、即日（１時間前後）で発行してくれるところもあれば、翌日の発行であったり、受けとりを別の場所で指定されたりもする。

何はともあれ、盗難のショックで喪心している暇はなく、これらの面倒な作業をすぐにしなければならないのだ。貴重な観光の時間も削られてしまう。緊急時の連絡先一覧やパスポートのコピーを、もしものときの備えとして持っておくことをおすすめするが、対処より予防がいかに大事かお分かりいただけただろう。

アジア滞在中シングルの部屋に一人でいると
バツッ!!
マジかよ！
突然電気が消えた
あたふたしていると
ドアをノックする音が聞こえ
トントン
アタ
アタ
扉を開けると宿のスタッフが立っていた
Hi
カチャッ
彼はそのまま部屋に入ってきて水道の確認をしてくれた
ありがとう…
ホッ
わざわざ確認しに来てくれたんだ
水は出るね
そのまま出口にうながした瞬間
ありがとねー
って、
え!!?
ガバッ
突然うしろから抱きしめられた
結局無理に押し倒されたりしなかったがこれをきっかけに宿のスタッフはクビになり
私は同じ旅行者にこっぴどく叱られた
むやみにドアは開けちゃダメ!!
ごもっとも…

セクハラに遭った！

日本人はセクハラに遭いやすい

P117でお伝えした通り、日本人女性は自己主張が苦手で、はっきり「NO」を言えない人が多い。実際に私も「日本人か？一緒に写真を撮ってくれ！」と言われ、体を密着され何枚も写真を撮られたことがあった。少し違和感があったが「こんなに日本人が好きなのか……」と、うしろから回された手が胸に当たっていても何も言えなかった。

南米ではこちらの戸惑いなどお構いなしに、陽気なおじさんがダンスを強要してきたこともあった。イベントでの出来事ではない。宿でだ。手を握り体を密着させ、笑顔で全身を触ってきたが、この国ウェルカムスタイルなのかと思ったら、やはり私は何も言えなかった。冷静に考えたら、見知らぬおじさんに宿で全身を触られるダンスなど、まったく訳のわからないダンスだ。この国のウェルカムスタイルなら女性から同じことをされてもおかしくないはずなのだが、こういったスキンシップはほとんどが男性からだった。

イスラム圏を旅行するときはとくに注意したい。同じイスラム圏でもその厳格さには違いがあるが、宗教上肌の露出や、女性が一人で出歩くことをタブーとしているところも多い。外国人だからといって躊躇なく肌を出し、女性一人で街をうろついている姿はやはり目立つし、目をつけられても不思議ではないのだ。訪れる土地の文化や宗教を尊重する装いと行動が大切だ。

コミュニケーション？セクハラ？ボーダーラインは

日本にない文化でも、こちらでは普通なのかもしれないと思うと、どこまで寛容に受け入れていいのかわからなくなる。執拗にハグをされたり、体を密着させてきたり、とてもフレンドリーで優しいのだが、「ちょっといき過ぎではないか……」と感じる場面が海外では結構多い。

これがセクハラなのか、そうでないのかはズバリ〝自分が不快に思うかどうか〟だと私は思っている。相手との関係性もあるだろう。

はじめて会った人に突然「日本人か？俺は日本人が大好きなんだ！」と言われたら、それは嬉しいことだが、そのあとあまりにも過剰なスキンシップを取られたら、ちょっと違和感がある。仮にそれが相手側の文化でもだ。何日もホームステイさせてもらった家族と別れるときにするそれとは、まったく違うだろう。

重要なのは〝相手がどういうつもりか〟ではなく〝自分がどう感じるか〟だ。知らない人からの執拗なスキンシップは、不快に感じた時点で「NO!」と言っていい。何も言えず我慢して「この女は受け入れてくれた」と勘違いさせてしまうことは避けたい。

セクハラ防止策

簡単にできる予防は、服装に気をつけることだ。露出が多い服装や体のシルエットがくっきりしている服装は、男性に目をつけられやすい。

現地の人との交流は旅の醍醐味だが、男性と二人きりの瞬間はなるべく作らないこと。何かあったときに逃げられない状況は、非常に危険だ。女性旅行者は男性旅行者に比べ、性的リスクの度合いが高すぎることを忘れないでほしい。

国や地域によって、女性の地位は必ずしも男女平等ではない。日本では当たり前な行動でも、海外で同じことをして奇異な目で見られることもある。露出の多い服装や、女性の一人歩き、喫煙などがまさにそれに当たる。

セクハラはもちろんセクハラをする相手が悪い。しかし、こちらがどんなに嫌がっていても、ニコニコしていては解決しない。やわらかい物腰や表情は、日本人女性の良いところでもあるのだが、失礼な相手にはしっかり「NO」と言う勇気を持とう。

Festival

Spain
Tomatina

Thailand
Songkran

すれ違いざまやうしろから、故意に触っていく人も……。
お祭りなど、人がごった返す場面でもセクハラは多い。

Mauritania
Wedding

アジア人をほとんど見かけない西アフリカの地で、日本人があまりに珍しかったようで、ここでは結婚式に来ていた子どもたちにひたすらちょっかいを出された。30秒に一度おしりを触られるという、異例の経験だった。

ある日
カードが不正利用されてるかもって!! 至急銀行に連絡くれって!!
日本から緊急の連絡があった
えっ!!
あわててスカイプで連絡すると…
Y浜銀行です
すみません カードが不正利用されてるそうで…
世界各地でお金が引き落とされていたので不審に思い…
ホッ
あっなんだ！ それ全部私が引き出し…
エジプト・ケニア・アメリカ・バングラデシュですね
…てません!! アメリカ今回行ってません!!
アメリカで800ドルのキャッシングが全部で6回
うそって言って…
アメリカに行ったのは前年
結局被害は800ドルのみ
実は今までも被害に遭ってたんじゃ…
鈍感だからな私…
帰国後何度も銀行へ足を運び 私が引き落としていないことを証明し 800ドルは戻ってきた

スキミングに遭った！

スキミングの手口

スキミングはATMだけではないが、ここではスキミング被害が一番多いATMを例に、よくある手口を紹介する。まずカード差込口に情報を盗む機械を設置して、カード情報を盗む。次にカメラを仕掛け、手元を撮影して暗証番号を盗む。そして、盗んだ情報でカードを不正利用する。スキミング装置の設置は、プロの手にかかると一分程度で完了してしまう。

予防と対処法

24時間誰でも利用できるようなATM、とくに屋外での利用は避けたい。カード差込口が出っ張っていたり、部品が差込口の文字表記と重なっていたりする場合は非常に怪しい。暗証番号を入力するときは、手元を隠すことを癖づけておこう。

また、上限額の見直しや預金口座を複数に分けるなど、最悪のときでも被害が最小限で済むように準備しておくことが大切だ。

キャッシング後はメールが届くよう、通知サービスを設定しておくのも良いだろう。ネットで利用明細を頻繁にチェックできればなお良い。また、クレジットカードは複数持っておきたい。一度被害に遭うと、そのカードは利用不可になってしまうからだ。

被害を発見したら、すぐにカード会社や金融機関へ連絡だ。被害に遭ったのはこちらでも、被害者側にも過失がないかチェックをされる。わかりやすい暗証番号にしていないか？他人にものを預けていないか？など、所有者の管理義務が問われるのだ。利用者側のあきらかな過失が認められた場合は、全額保証されない可能性もあるため、普段から管理には十分気をつけてほしい。

旅の途中
一時的に帰国するため
ニューヨークから
日本行きの飛行機に乗った
乗り換えはロサンゼルス
NY
ロス
AIRLINE TICKET
NY → LAX
ロス到着後
乗り換え便に乗るのは
すぐだったため
1時間しかない…
すぐにまた出せるように
パスポートとチケットを
ポケットに入れた
PASSPORT
ポーン
搭乗前にトイレを済まし
いざ、搭乗口に行くと…
あれ!? ない!!
到着してから
今までの行動を
思い出す…
なぜ…
どうしよう…
帰れない…
はっ!!
トイレ！
ムムッ
ズボンが
下ろせない…

ポケットにパスポートを入れたままズボンを下ろせなかったため
一時的に…
トイレットペーパーホルダーの上にポンっと置いたのだった
PASSPORT
しかしそのとき思った
私のことだから
絶対に忘れる…!!
PASSPORT
だから誓った
ずぅえっったいに忘れない…!!
PASSPORT
私はパスポートをトイレットペーパーの上に置いた
私はトイレットペーパーの上に
置い…
FLASH
ピッ
ジャーーーッ…
ゴゴ
見事にパスポートの存在を洗い流したのであった
スッキリ〜♪

パスポートを失くした！

海外で紛失したら

パスポートを紛失、盗難されてしまったら、まずは最寄りの警察にポリスレポートをもらいに行く（P143参照）。それを持って、日本大使館または領事館へ行き、新しくパスポートを発給する手続きをしなければならない。帰国が迫っている場合は、帰国にのみ有効の渡航書を発給してもらうことになる。

これらの手続きには、日本国籍であることを証明できる書類（パスポートの場合は戸籍謄（抄）本、渡航書の場合は運転免許証や保険証など）が必要になる。

もしも日本大使館・領事館のない国でパスポートを紛失してしまったら、まずは兼轄する大使館、または領事館へ連絡を入れることになる。日本大使館のある国までの渡航書を発給してもらうか、それが無理なら、日本大使館のある国から職員を派遣してもらう必要があるのだ。

一部の地域では、警察や特定の組織が、帰国のための書類を用意してくれる場合もあるが、緊急事態のときはどこに頼るべきか、渡航先の情報は事前に調べておいたほうが良い。

これらの費用はすべて自分で支払わなければいけないが、携行品損害保険に加入していればカバーできる。パスポート盗難による予定のくずれで生じた延泊費や、発給の費用、大使館までの交通費、派遣してもらった際はその職員の渡航費など、一定の金額を限度とした保険金を請求できるのだ。ちなみに、私のように自ら置き忘れた場合は、そのあと盗難されたとしても保険対象にはならないので注意。

このように、紛失や盗難に遭ったときの打撃はとても大きい。パスポートは日本人であることを証明する、大切な身分証明書だ。現金、カード、身分を証明するものはひとつにまとめておかず、しっかり管理したい。

My tresure

Stamps all over the world

これは余談だが、無知な私は査証ページにマチュピチュ村や、世界最南端の地の記念スタンプを押してしまったことがある。査証ページにこちらで手を加えるのはNG行為。例えば日本語のメモが何かの暗号と誤解され、出入国を拒否されるトラブルに発展してしまう可能性もゼロではない。パスポートの取り扱いには十分注意しよう。

早朝
トルコからブルガリアにバスで到着したとき
すみません…ここに行きたいんですが…
右も左も分からなかった私は近くにいたおじちゃんに声をかけた
おじちゃんは嫌な顔ひとつせずに
OK! I help you.
ちょっとそこで待ってろと言うので
座って待っていると…
お待たせ!!
ほれ これ飲みな
コトッ
HOTコーヒーをくれた
い、いいの!? やったー!!
ま、待てよ…これまさか睡眠薬とか入ってないよね…
人から飲食物をもらっちゃいけないって何度も言われてきた…
ダメだ！私のひねくれ者!!
ブン
ブン
人の善意をまず疑いから入るこの癖 旅に出て一番悲しい習慣だ！

結局いただき…
やっぱ朝はコーヒーだよね
イエース
その後案内するとつれて行かれた場所には車があった
アレだ、乗りなさい
や、やっぱり睡眠強盗では…
一瞬躊躇《ちゅうちょ》するも…
の、乗ってしまった…
車内はずーっと警戒…
日本から来たのかー大変だったな
ハ、ハイ…
大丈夫
ナイフを突きつけられたらこうしよう…
鉄だったら…
このじじいなら勝てる…これでも力には自信あるんだから…
うと…
うと…
あれ…何か眠くなってきた…この眠さはバスの疲れ？それとも…
このじじいなら大丈夫…私は強い…このじじいなら…
キキィー
着いたぞ
え!?
その後おじちゃんは私の重いカバンをフロントまで運んでくれ最後、最高の笑顔で握手して帰っていった
よい旅を
彼を睡眠薬強盗だと疑ったことある場面からじじいと呼びだしたこと
心の中で全力で謝った

良い人か悪い人かわからない！

外国人はとっても優しい

これまで、見ず知らずの外国人にどうしてこんなに親切にしてくれるのだろう……と感極まる出来事はとても多かった。どこに行っても「Welcome to ○○！」と言われた。海外では日本人のイメージが本当に良く、「日本人が大好きだ！」と言われた場面も数え切れないほど経験した。悪さをたくらむ人もゼロではないが、出会った人のほとんどが、優しく親切な人だった。

旅に出て一番良かったと思うのは、〝たくさんの人の愛に触れられたこと〟だったと今でも思っている。これは10年経っても20年経っても変わらないだろう。

帰国してからは、困っている外国人を放っておけなくなった。駅を探していた外国人を改札の前まで案内し、あとで食べようとたまたま持っていたプリンを「ジャパニーズ　ベリーデリシャス　プリン！」と言って、半ば無理やりプレゼントしたことがある。

プリンはさすがにお節介だったかもしれないが、その人が触れ合った日本人で、その人の〝日本〟が決まる。日本が好きで日本に来てくれた外国人を、精一杯おもてなししたかったのだ。私なりの、世界中で優しくされた恩返しでもある。

良い人？　悪い人？　判断基準

困っている人を見て、ただ心から助けてあげたい、親切にしてあげたい、と思う気持ちは不思議ではない。現に、帰国してから私もそうしている。

しかし、度を越した親切はときに不信感に変わってしまうのも事実。それは、自分と相手との価値観の違いなのかもしれないが、その土地や人、文化に慣れていない旅行者にとってはリスクでもあるのだ。

私が旅をはじめた頃、旅歴が長い人たちから

「日本語を話す外国人には注意しろ」「相手の靴を見ろ。ボロボロの靴は注意。靴はその人を表す」など、怪しい外国人の見分け方をいろいろと教えてもらった。

もちろん日本語を話す人でも、靴がボロボロの人でも、見返りなく親切にしてくれる人はたくさんいる。誰がつくったかわからないマニュアルで、人を判断することはできない。

しかし私は旅を続けていく上で、迷ったときに無意識に基準にしていたことがあった。それは、〝向こうから話しかけてきた場合は要注意〟だ。信じていいのか、仲良くなっていいのか、迷ったときは、〝きっかけがどっちだったか〟を思い出す。こちらからジョーカーを引いてしまう可能性もゼロではないが、ひとつの判断基準にはできるだろう。

最後に頼るもの

それは直感だ。最初に感じた勘を信じることだ。「もしかしたら良い人かもしれないし……」「きっとただ親切にしてくれているだけなんだ……」と、無意識に自分に言いきかせようとしていたら、それは最初に感じた直感に逆らっている証拠だ。

私は直感とは、今までの人生経験に基づいて沸き起こる感覚だと思っている。これまでの選択やそれによって得られた結果、感情、「これは○」「これは×」などと、あらゆるものを自分の実体験でつくりあげたものさしで測っている。それが実際に正しいか間違っているかはわからないが、最終的には直感を大事にしてほしいと思う。その直感はきっと、自分を守る、何よりも信頼できるヒントになるはずだ。

すれ違うだけの人、言葉を交わす人、仲良くなる人、今後の人生に大きく影響する人……その出会いのすべてが素晴らしいものでなくても、みんなあなたが主役の旅の出演者だ。あなたが世界中の人の愛に触れられるよう、私は願っている。

おわりに

この本を手にとってくださったみなさん、最後までおつき合いいただき本当にありがとうございます。極度のドジでひどい英語力、事前調査を怠りまくったトラブルだらけの女の旅が、この本を通じて誰かのお役に立つことができたら、これほど嬉しいことはありません。

世界一周に旅立ったあの日、私は、はじめて乗り継いだ空港で迷子になりました。目的地に向かう飛行機とは違う便に乗りそうになり、機内に足を踏み入れる直前、私の搭乗券をものすごい勢いで二度見したCAさんの顔……今でも忘れられません。

入国カードの読めた単語はたったのふたつ。「Full name（名前）」と「Date of Birth（生年月日）」。飛行機が飛んでる間中、睨めっこしていたのを昨日のことのように思い出します。

今でも相変わらず世界中で迷子になり、トラブルに見舞われ、海外旅行に行くたびに笑えるネタがひとつ増えます。旅は私にとって〝生きていることを実感させてくれる究極の時間〟。笑ったり泣いたり……喜怒哀楽だけじゃ片づけられない感情に幾度となく出会える瞬間です。

そんな究極の時間を私はいつも「音楽を聴くこと」と「香りをかぐこと」で心に深く刻みます。これは私流の〝旅の思い出をインプットする方法〟。

旅では五感をできるだけフルに刺激します。日本にいても、アジア料理を食べに行くと「あぁ、この独特の匂い。アジアだなぁ……」とか、久々に空港に行ったときに聞こえてくる、あの英語のアナウンスや雑踏音に、みなさんも胸が弾んだ経験はありませんか？ 旅で撮った写真をみて、懐かしむこともももちろんありますが、その中でも私は、音や香りによって記憶を鮮明に思い出すことが多いです。

とくに香りは、過去に一瞬でタイムスリップするためのタイムマシンのようなもの。嗅覚は脳の感情や本能を司る部分に直結しています。懐かしい香りを嗅ぐと、記憶がリアルによみがえるのはこのため。この現象は〝プルースト効果〟といって、「良い記憶と結びついた香りには、精神的な疲労や傷を癒してくれる効果もある」という研究結果まであるんです。

のんびり歩きながら聞こえてくる街の音、ふと香る匂い。この他にも、あえてそのときの気分にぴったりな音楽や、その年、土地で流行っている音楽を、私は移動しているときやカフェで聴きます。〝私の旅の挿入歌〟をシーン別で設定して、音楽にそのとき感じたすべてを刻むんです。

そして、その土地で売られているシャンプーや石鹸、ボディミストなどを買って毎晩お風呂で使います。一日の終わりに全身を香りで包んで、その日の思い出を香りにインプットします。

自分のお土産に、香水やアロマ、柔軟剤やハンドソープなど、香るアイテムを買って帰ることも多いです。実際に現地で使ったものではなくても、例えばハワイならココナッツやプルメリアなど、その地特有のものやよく使われている香りは、旅行中どこかで嗅いでいたのか、帰国後、異国の記憶がしっかりよみがえります。

写真や日記で思い出を残す方法も良いけれど、音楽や香りで旅を彩り、そのとき全身で感じた感情を心と脳に刻むことも、私にはとても大切なことなんです。こうして思い出を増やし、またどこか遠くへ行きたいなぁ、と未来に胸を膨らまします。みなさんも、「香り」と「音楽」のタイムマシーン、ぜひ使ってみてください。

長くなりましたが最後に、この本のテーマ〝世界であわてふためく女子たちへ〟。たくさんのトラブルとその回避方法を紹介してきましたが、どんなに準備をしていても、きっとあなたはトラブルに遭います。海外は予想外だらけ。でも、私はトラブルのある旅、結構好きです。トラブルがあったからこその出会いや経験もまた素敵な旅の一ページ。悪いことばかりではありません。

ただ、ひとつだけ約束してほしいのは〝あとで笑えるトラブルにすること〟。どうか、身を危険にさらすような無謀なことはしないでください。たまにはスリルもいいけれど……あなたを大切に想う人たちのために、どうか自分を大事にしてください。そして、世界のどこかでもし、あわてふためくような出来事があったら、この本を思い出して深呼吸してください。大丈夫。なんとかなる。日本中のトラブルガールが世界中で笑えるよう、私はいつも心の底から応援しています。次はあなたが主役のリアルな旅へ、いってらっしゃい!

デザイン	出渕諭史(cycledesign)
編集	望月竜馬
印刷・製本	株式会社 光邦

拝啓、世界で
あわてふためく女子たちへ
旅先のトラブル解決します

著:りの　絵:三浦ポパ

2019年4月14日　第1刷発行
2019年11月27日　第2刷発行

発行者	安在美佐緒
発行所	雷鳥社
	〒167-0043
	東京杉並区上荻2-4-12
	TEL 03-5303-9766
	FAX 03-5303-9567
	HP http://www.raichosha.co.jp/
	E-mail info@raichosha.co.jp
	郵便振替　00110-9-97086

©Rino / Yuuki Hukaura / Raichosha 2019　Printed in Japan
ISBN 978-4-8441-3748-1 C0026

定価はカバーに表示してあります。
本書の写真および記事の無断転写・複写をお断りいたします。
著作権者、出版社の権利侵害となります。
万一、乱丁・落丁がありました場合はお取り替えいたします。